마인드 콘트롤을 통해 설득의 달인 되기

소심쟁이 박 대리
프레겐테이션
고수가 되다

박 호 진 지음

대경북스

소심쟁이 박 대리 프레젠테이션 고수가 되다

1판 1쇄 인쇄 2023년 4월 12일
1판 1쇄 발행 2023년 4월 18일

지은이 박호진

발행인 김영대
펴낸 곳 대경북스
등록번호 제 1-1003호
주소 서울시 강동구 천중로42길 45(길동 379-15) 2F
전화 (02)485-1988, 485-2586~87
팩스 (02)485-1488
홈페이지 http://www.dkbooks.co.kr
e-mail dkbooks@chol.com

ISBN 978-89-5676-952-3

Prologue

필자는 어릴 때부터 매사에 불안해하는 성격이었다. 병적으로 심한 상태까지는 아니지만 사소한 일에도 무척 민감한 편이다. 외출할 때면 가스, 전기를 꼼꼼히 확인해야만 마음이 놓였다. 여행을 갈 때도 빠뜨린 것이 없나 하나하나 직접 챙겨야 안심이 됐다. 그래서 여행 가방은 항상 사소한 짐들로 가득했다. 앞날에 대한 불안감 때문이었다. 그러다 보니 준비가 과한 편이란 말을 적잖게 들었다. 이러한 나의 불안감을 최고조로 만들어놓는 게 바로 남들 앞에서 하는 발표였다. 처음에는 생각만 해도 막연하고 답답하고 피하고 싶었다. 걱정과 불안감 때문에 발표 전날 밤을 뜬눈으로 새우기도 했다.

친구와 문자를 주고받다가 한동안 답이 없거나 '읽씹'을 당한 경우, 처음엔 그냥 기다렸지만 '혹시 내가 말실수를 했나?'하는 걱정으로 안절부절한 적도 꽤 있다. 회사에서 기획서를 발표할 때 내내 무표정하거나 하품이라도 하는 부장님을 보면 '내 발표가 지루한가 보다'라고 지레 판단하고는 발표를 포기하거나 망친 적도 있다. 스스로 부정적인 생각을 함으로써 실제로 상대가 나를 부정적으로 생각하게 만드는 결과를 낳은 것이다.

필자는 비록 내향적인 성격이지만 친구들과 소통하는 데는 큰 무리가 없었다. 하지만 이상하게도 많은 사람들 앞에서 무언가를 하거나 주목을 받는 상황이 되면 머릿속이 하얘지고, 손발이 떨리고, 숨이 차고, 심장이 쿵쾅거리는 경험을 여러 번 했다. 나중에야 깨달았지만 해결책은 불안을 마주하고 다스리는 방법밖에 없다. 무엇보다 타인의 평가에 대한 집착과 그에 따른 불안을 줄이고 내 실력을 충분히 펼칠 수 있도록 긍정적인 생각을 가지는 것이 중요하다. 우리는 많은 사람들 앞에서 무언가를 하거나 주목받는 상황이 되면 여러 가지 왜곡된 생각과 오류를 경험하게 된다. 결국 이러한 심리를 이해하면 발표 불안 상황에서도 얼마든지 마음을 다스릴 수 있다. 이를 통해 무대 공포, 울렁증, 발표 불안에서 벗어나 긴장을 풀고 자신감 있게 발표나 스피치를 할 수 있게 된다.

우리는 다른 사람들 앞에서 무언가를 할 때 두려움을 느낀다. 그것은 평가를 받는다는 사실에 대한 두려움이다. 시험, 발표, 면접 등 중요한 평가의 순간 우리는 떨림과 불안을 경험한다. 과도한 긴장과 불안은 자신이 지니고 있는 진정한 실력을 발휘하는 데 장애물이 된다. 특히 남들보다 더 잘하고 싶은 마음을 가지고 있거나, 모든 사람에게 인정받고 싶어하는 사람일수록 그 두려움은 더욱 커진다. 그렇다면 이렇게 마음이 불안할 때, 어떻게 하면 이 불안을 극복하고 사람들 앞에서 내가 준비한 것을 잘 보여주고 전달할 수 있을까?

필자는 직장에서 15년 넘게 1,000건 넘는 기획안과 제안서를 만들고 발표했다. 직장인이라면 누구나 자신의 전문성을 키우고 자신만의 경쟁력을 확보해서 제안 전문가로 자리매김하고 싶어 한다. 제안 전문가는 수주를 위해 제안의 핵심 내용을 전달하는 매우 전문적인 직업인이기도 하다. 제안 전문가에게는 무엇보다 자신감이 필요하다. 제안을 발표할 때 청중이 누구인지를 면밀히 파악하여 그들의 니즈를 정확히 이해함으로써 청중과 공감하는 발표를 해야 한다. 그러기 위해 청중의 니즈를 정확히 파악하는 방법을 알아야 한다.

이 책에서는 설득과 제안의 달인이 되기 위해서 필수적으로 알아야 할 마인드 콘트롤 기법들을 소개하고 있다. 추상적인 이론이나 장황한 설명보다 실무적인 기법과 스킬 위주로 전달하기 위해 노력하였다. 직장에서 또 사회에서 설득과 제안 전문가가 가져야 할 마인드에 대해서 체계적으로 서술하였으며, 마인드 마케팅의 원리를 올바르게 이해하고 당면한 문제를 해결하기 위한 효율적인 기법과 스킬을 소개하였다. 또한 발표 시 청중과 교감하는 법, 프레젠테이션 스토리 라인의 구성, 효과적인 보디랭귀지, 좋은 목소리와 발음 등 프레젠테이션 성공에 필요한 요소와 기술 향상을 위한 현실적인 훈련법 등을 소개하였다.

필자의 분신인 박 대리의 이야기를 따라가다 보면 여러분도 소심한 성격이지만 끝없는 노력과 경험을 통해 프레젠테이션의 달인이 된 박 대리처럼 매사에 자신감 있는 인재로 거듭날 수 있게 될 것이다.

철학자 앙드레 콩트 스폰빌(*Andre Comte Sponville*)이 인정했듯이, '모름에서 완전히 벗어날 수 없는 것이 인간의 운명이다.' 따라서 우리는 배우고, 또 배워야 한다. 배움의 진보 덕에 생명을 구하고, 상처를 치유하고, 고통을 줄이고, 다시 용기를 얻고, 소통을 개선하고 행복해질 수 있다.

차/례

Part 4
상대의 마음을 얻는 기술

Part 1

쫄리면 이미 진거다

제1절
'쫀다'는 것의 심리학

소심한 성격의 박 대리는 처음으로 사람들 앞에서 발표할 때 불안함과 두려움을 느꼈다. 무엇보다 청중이 자신의 부족함에 실망할까 봐, 그리고 그로 인해 발표를 망칠까 봐 두려웠다. 실제로는 조금 부족하지만 겉으로는 완벽해 보이고 싶었으며, 청중으로부터도 인정받고 싶었다. 하지만 박 대리는 오랜 세월 불안과 긴장의 벽을 쉽게 넘지 못했다.

박 대리는 불안과 관련된 증상을 비교적 많이 가지고 있다. 남자에겐 치욕적인 얼굴 홍조, 눈 깜빡임, 목소리 떨림, 시선 회피 등. 사람들 앞에만 서면 이런 불안 증상들이 어김없이 나타났다. 무엇보다 상대방의 눈을 본다는 게 쉽지 않았다. 왠지 똑바로 쳐다보면 무슨 일이 일어날 것만 같고, 상대방이 기분 나쁘게 생각할 것만 같았다.

특히 프레젠테이션을 앞두었을 때 긴장은 이루 말할 수 없었다. 밥

맛도 없고 계속 날이 서 있었고 머릿속도 복잡했다. 그리고 나중엔 회피하고 싶은 욕구까지 생겼다. 말 그대로 지옥 같은 시간이었다. 나름대로 긍정적인 생각으로 마인드 콘트롤을 해보지만 막상 청중 앞에 서면 긍정적인 생각은 온데간데없고 청중 앞에서 떨고 있는 모습만 지각되었다. 그런 생각을 하면 더욱 비참해졌다. 제대로 발표할 수 없을 것만 같은 불길한 생각도 들었다. 그리고 밤 새워 준비했던 모든 것들, 즉 발표 순서와 내용, 심지어 오프닝 인사마저도 청중 앞에 서기만 하면 까맣게 잊어 버리고 한순간 바보가 되어 버렸다. 설사 생각난다 하더라도 입을 열어 이야기할 용기가 나지 않았다.

결국 용기를 내어 스피치나 프레젠테이션 학원을 뒤져봤다. 무수히 많은 학원들이 시내 곳곳에 위치하고 있었다. 몇 군데에 전화를 걸어 문의했더니 모두 다 친절하고 자신감 있는 목소리로 1개월만 배워도 효과를 볼 수 있을 거라고 논리적으로 설득한다. 학원 담당자와 대화하면서 우선 자신과 같은 증상으로 고통받는 분들이 의외로 많다는 것을 알게 되었다. 학원 커리큘럼에 대해 물어보자 이론과 실습을 병행하는 수업이라고 한다. 실습은 무엇이냐고 묻자 발표 연습이라고 한다.

'아 또 발표를 해야 하는가? 발표가 힘들어서 학원을 다니려고 했는데 학원에서 또 발표를 시키다니….'

게다가 학원비도 만만치 않았다. 100만 원에 가까운 학원비, 비싸도 너무 비싸다. 그래도 어쩌겠어. 무엇이든 얻을 게 있을 것이고 지금보다는 나아질 것이라고 생각하고 학원에 가려니, 학원에 갈 용기마저 나지 않았다. 하지만 이대로 포기하며 살고 싶지는 않았다. 도대체 자신에게 어떤 문제가 있는지 알고 싶었다. 박 대리가 발표 날 겪은 수치심과 공포, 좌절감이 계속해서 생각나서 자신을 괴롭혔다. 사람들이 속으로 비웃는 것만 같았다. 하지만 현실을 인정하기는 싫었다. 마음속에는 더 훌륭한 박 대리가 아직 머릿속에 남아 있기 때문이다.

우리는 어떤 사람 앞에서 위축되거나 두려움의 대상 앞에 있을 때 '쫀다'는 표현을 쓴다. 그렇다면 그런 기분을 느끼는 본인의 심정은 어떨까? 그 상황을 피하고 싶고, 하는 일에도 자신감이 잃게 된다. 평소에는 아무렇지 않다가 막상 발표를 하게 되면 마음이 얼어붙는 사람이 있다. 이것을 발표 불안이라고 한다. 그러나 이런 감정은 대개 본인만 느낄 뿐 상대는 느끼지 못한다. 하지만 쫄게 되면 본인의 의사를 상대에게 정확히 전달할 수 없고, 감정 표현조차 자유롭게 되지 않는다. 그럼으로써 전달과 설득력에 문제가 생긴다. 감정이 섞이지 않으면 건조해 보이기 십상이다. 딱딱하고 지적인 논조보다는 자신의 이야기를 담은 솔직하고 공감가는 발표에 청중은 끌리기 마련이다.

우리는 처음 사람들 앞에 설 때 '가슴이 뛴다, 숨쉬기가 힘들다, 목소리가 떨린다, 손이나 몸이 떨린다, 얼굴이 붉어진다, 근육이 경직된다, 땀이 난다, 입이 마른다, 몸이 뻣뻣해진다, 열이 나거나 싸늘해진다.' 등의 불안 증세를 느끼게 된다.

왜 그럴까? 나한테 무슨 문제가 있나? 과연 다른 사람들도 그럴까? 그렇게 프레젠테이션 실패의 억울함과 분노는 며칠 동안 지속된다. 그리고 점점 더 사람들을 만나기 두려워지며 무슨 일을 할 의욕조차 생기지 않는다. 온통 머릿속에 발표 날의 긴장, 실수들, 그리고 분명 청중들의 부정적인 평가가 있었을 것이라는 근거 없는 추측들이 이내 집착으로 바뀌어 몇 날 며칠 동안 괴롭혀 잠도 오지 않는다. 꽤 오랫동안 그 괴롭힘에 시달린다.

제2절
쫄지마! 프레젠테이션

"박 대리 ○○○ 입찰이니까, 프레젠테이션 준비해"

"네…. 알겠습니다."

박 대리는 부장님으로부터 프레젠테이션을 준비하라는 얘기를 듣는 순간부터 떨리기 시작했다. 알 수 없는 두려움이 몰려왔다. 직장 생활 3년 차로 지금까지 프레젠테이션을 할 기회를 요리조리 잘 피해왔었다. 하지만 영업부서로 발령받은 이상 프레젠테이션을 피할 수 없었다. 몇 분 동안은 아무 생각 없이 가만히 앉아 있었다.

프레젠테이션은 회사 차원에서 매우 중요할 뿐만 아니라 개인에게도 공식적으로 자신을 마케팅할 수 있는 좋은 기회가 된다. 중요한 프레젠테이션일수록 회사의 의사 결정권자를 포함한 다양한 핵심 관계자들이 참석하게 되고, 준비한 대로 프레젠테이션을 잘했을 경우 참여한 임원이나 동료 직원들은 자연스럽게 그날의 프레젠테이션과 프레젠터에 대한 이야기를 할 것이다. "이번 ○○○ 프레젠테이션 정말 끝내주던데, 최 과장 정말 대단해!"와 같은 이야기가 자연스럽게 흘러나올 것이며 금세 사내에 퍼질 것이다. 그렇기 때문에 이번 프레젠테이션은 나 자신의 능력을 보여 주는 좋은 기회가 되고, 이런 것들이 반복해서 쌓이게 되면 회사에서 인정받게 되고 승진의 기회도 잡을 수 있다.

이처럼 프레젠테이션은 개인을 마케팅할 수 있고, 브랜드 가치를 공식적으로 홍보할 수 있는 최고의 기회이다. 회사뿐만 아니라 학교에서도 프레젠테이션은 빠지지 않는다. 과제로 받은 프레젠테이션 발표를 잘했다면 교수님으로부터 좋은 평가를 받게 될 것이며, 나아가 좋은 학점을 받을 수 있다.

하지만 프레젠테이션을 할 마음가짐이 되어 있지 않은 상황에서 어쩔 수 없이 프레젠테이션을 하게 되면 자기 부정의 효과가 어김없이 나타난다. 청중 앞에서 자신감을 잃게 된다. 약간만 노력해도 충분히 개선되고 극복할 수 있음에도, 자기 부정은 결국 자신감마저 잃게 만들어 현실의 벽을 더 높고 견고하게 만든다.

지금까지 프레젠테이션을 주먹구구식으로 해왔다면 좀 더 체계적인 학습과 훈련이 필요하다. 프레젠테이션에 참석하는 청중은 지금까지 많은 프레젠테이션을 듣거나 실제로 해본 경험이 있는 사람들이다.

그러므로 한 번이라도 청중에 의해 평가를 받아 본 사람이라면 체계적인 학습 및 훈련이 왜 중요한지를 알 수 있다.

간혹 '프레젠테이션을 잘할 수 있지만 아직 기회가 없었다'고 불만처럼 이야기하는 사람들이 있다. 이것은 변명일 뿐이다. 수많은 사람들을 모아 놓고 하는 거창한 프레젠테이션만이 프레젠테이션일까? 실제로 프레젠테이션은 일상 곳곳에서 이루어지고 있다. 모든 회사나 조직에서는 매주, 매월 실적 및 계획 보고를 한다. 프레젠테이션을 할 수 있는 최소한의 기회는 이때이다. 신입사원이어서 발언의 기회조차 없는 경우라도 "회의가 끝난 후 제가 준비한 사업 계획을 10분만 이야기해도 되겠습니까?"라고 요청한다면 비난이 아니라 오히려 칭찬을 듣게 될 것이다. 사내 혹은 사외에서 자신이 원하기만 하면 참가할 수 있는 프레젠테이션 기회는 얼마든지 있다. 다만 애써 찾으려 하지 않았을 뿐이다.

지금까지 자신도 모르는 사이에 스쳐 지나가는 수많은 프레젠테이션 기회를 놓치고 있으면서, 어쩔 수 없이 찾아온 중요 프레젠테이션에서는 훈련과 준비 부족으로 실패하고 만다. 의사 결정권자는 프레젠테이션하는 모습을 한 번도 본 적 없는 사람에게 중요한 프레젠테이션 기회를 주지 않는다. 작은 승리를 경험하고 입증한 사람에게만 큰 승리를 가질 자격과 기회가 주어진다.

우선 자신의 능력을 보여주기 위해서는 소소한 프레젠테이션 기회를 잡아야 한다. 그리고 철저하게 준비해야 한다.

처음에는 어떻게 무엇부터 해야 할지 막막할 것이다. 무엇보다 용기가 나지 않을 것이다. 대중에 대한 공포, 두려움과 긴장감만 가득 차 있을 것이다. 대중에 대한 공포는 점점 자신을 위축시키고 자신감마저 하락시킨다. 결국 스스로를 합리화하며 '난 외모에 자신이 없어', '난 원래 성격이 소심해', '난 원래 목소리가 작아', '난 원래 말을 잘 못해', '난 남 앞에 나서는 것을 싫어해' 등과 같은 자기 부정에 빠지게 된다. 자기 부정에 빠지면 우선은 마음의 평온을 되찾고 자신을 격려하게 되어 순간적으로 편안함을 느끼지만, 마음 한 켠에 왠지 모를 아쉬움과 위기감마저 느끼게 된다.

프레젠테이션을 할 때에는 커뮤니케이션이 무엇보다 중요하다. 프레젠테이션 기획은 생각과 논리의 틀에 의해 이루어지고, 프레젠테이션 발표는 프레임과 로직에 근거하여 정보를 전달하는 과정이다. 이러한 논리적인 과정이 없으면 중언부언하다가 설득력을 잃고 십중팔구 발표를 망치게 된다.

'계단의 요정'이란 말이 있다. 18세기 프랑스 철학자 드니 디드로(Denis Diderot)가 만찬장에서 자신이 알고 있던 주제를 놓고 토론을 벌였다. 그런데 남을 너무 의식한 나머지 어떤 지점에서 공박을 당하자 적절한 단어를 떠올리지 못하고 쩔쩔맸다. 그는 머리카락을 뜯으며 그 자리를 박차고 나왔다. 밖으로 나와 계단을 내려가면서 디드로는 그제야 완벽한 대꾸가 떠올랐다. 하지만 이미 때는 늦었다. 이렇듯 어떤 요정도 계단 아래에서 기다리지 않는다는 것을 알고 철저히 준비해야 한다.

프레젠테이션 기획을 꾸준히 하다 보면 문제를 바라보는 사고의 틀이 바뀌고 스스로 확신을 가지게 된다. 그러면 지금부터 프레젠테이션 기획의 사고와 논리의 틀을 어떻게 만들고, 그 프레임과 로직을 어떻게 프레젠테이션 발표에 적용해 확신과 설득을 높여줄 수 있을지 살펴보도록 하겠다.

프레젠테이션은 상사, 클라이언트, 청중 등을 대상으로 교육이나 비즈니스에 필요한 커뮤니케이션을 하는 수단이다. 결국 비즈니스상의 문제를 해결하고 교육을 통해 실행으로 나아가는 커뮤니케이션 수단이다.

프레젠테이션의 3요소

프레젠테이션의 3요소는 기획(플래닝)-작성(라이팅)-발표(프레젠테이션) 이렇게 세 가지로 나눌 수 있다.

- 기획(플래닝 Planning) : 어떤 사안에 대해서 기획하는 것
- 작성(메이킹 Making or 라이팅 Writing) : 기획한 것을 기획서, 제안서로 완성한다는 의미

● 발표(프레젠테이션 Presentation) : 기획서, 제안서를 완성하고 나면 마
 지막으로 프레젠테이션하여 상사나 클라이언트에게 제안해서
 설득하는 단계

  첫째, 기획이란 무엇을 왜 해야 하는지를 명확히 하는 것이다. 기획
이 목표 설정의 역할이라면, 계획은 주어진 목표에 관한 구체적인 절차
나 순서를 정하는 일이다. 따라서 계획과정에서는 기획한 목표를 실행
하기 위한 구체적인 방법을 모색한다. 기획은 아이디어가 떠올랐을 때
이것을 머릿속에서 정리하는 단계이다.

  둘째, 내가 기획한 것이 상대방에게 명쾌하게 전달될 수 있도록 전
달하고자 하는 결론, 그 결론을 지지하거나 입증하는 근거, 각 요점의
내용을 지지하거나 입증하는 사실 자료 혹은 근거의 순서로 보고서를
작성하는 과정이다. 즉 머릿속에서 떠오르는 아이디어나 생각을 논리
적으로 일목요연하게 정리하여 글로 남기는 단계이다. 파워포인트, 워
드, 한글 등 다양한 문서 작성 프로그램을 이용한다. 상대방이 이해하
기 쉽도록 도형, 도식, 그래프 등을 첨부하여 내 생각과 아이디어, 실행
계획을 구체적으로 설명한다.

  셋째, 내가 기획하고 작성한 것을 상대나 청중에게 설득하는 것을
프레젠테이션, 발표 또는 스피치라고 한다.

  여전히 많은 사람들에게 프레젠테이션은 어렵고 두려운 일이다. 프

레젠테이션과 스피치를 잘하려면 유창하게 말을 잘하고 두려움도 없어야 한다는 생각이 강해서다. 또한 주위 사람들 중에 프레젠테이션을 능수능란하게 하는 경우보다 마지 못해 하는 사례가 훨씬 많다 보니 이런 두려움은 더욱 커진다. 하지만 사회에서는 수많은 사람들을 만나 대화를 나누고 회의와 프레젠테이션 등을 통해 의사소통하고 설득하는 능력이 개인의 성공을 담보하는 경우를 많이 볼 수 있다. 또한 자신을 표현하고 드러낼 기회가 점점 많아지면서 자신감 있고 설득력 있는 사람이 더욱 주목받는다.

누구나 한 번쯤은 '남들이 나를 어떻게 생각할까?'하고 고민할 때가 있다. 하지만 남들 앞에서 창피당하거나 무안당할까 봐 지나치게 불안해하고 긴장한다면 급격한 변화와 치열한 경쟁 속에서 살고 있는 우리의 생활에 적신호가 켜지게 되어, 결국 점점 자신감을 잃게 되고 사회나 조직으로부터 낙오되는 결과를 초래한다.

박 대리 역시 남들 앞에서 발표하거나 이야기해야 할 때 많은 어려움을 느꼈다. 그 원인을 거슬러 올라가 보면 결국은 심리적인 것이고, '나' 자신에서 시작된다. 사람들은 대개 타고난 성정은 변화하지 않는다고 이야기하지만, 훈련과 노력을 통해서 충분히 변화 가능하고 자신감 있는 나로 완성해 갈 수 있다.

이 책은 당당하게 기획, 제안, 발표를 할 수 있는 훈련법을 제시함으로써 남들 앞에 나서기를 두려워하는 사람들이 자가 치유를 통해 '완전한 나', '자신감 있는 나'가 되어 당당하게 나설 수 있도록 차근차근 안내할 것이다. 그럼으로써 대학생들은 교수님과 동료 학생들 앞에서 자신감 있게 과제를 발표하고, 사회 초년생은 좀 더 자신감 있는 직장 생활을 하고, 직장인들은 조직에서 전문 능력을 인정받게 되고, 취업 준비생들은 면접에 당당히 임할 수 있을 것이다.

제3절
피한다고 해결되지 않는다

'나는 왜 항상 나서는 것이 두렵지?'라는 생각에서 가장 중요한 핵심은 '다른 사람이 나를 어떻게 볼까?'이다. 이것은 다른 사람들의 평가를 중시하는 사람에게서 더 많이 나타나며, 타인과의 관계를 중요시하는 집단주의 문화권에서 두드러지게 나타난다. 즉 개인주의가 보편화된 미국 같은 서구권보다는 우리나라나 일본 같은 동양권에서 더 많이 볼 수 있다.

우리는 자신에 대한 타인의 부정적 평가를 늘 신경쓰고 두려워한다. 또한 '상대에게 불편함을 끼치지 않았나?, 또는 해를 끼치지 않았나?, 내가 한 말에 기분이 상하지 않았나?, 내가 너무 공격적으로 비치거나 기분 나쁘게 하진 않았나?' 등을 염려한다.

사람들 앞에 나서기 위해서는 이런 나의 불안 증상의 원인을 정확히 이해해야 한다. 그런 후에야 그 불안 증상을 완화시킬 수 있도록 적극적으로 훈련함으로써 자신감을 얻을 수 있다. 그래야만 내가 원하는 것을 성취할 수 있으며, 남들로부터 좋은 평가를 받을 수 있다. 그것은 곧 원만한 대인 관계로 이어져 설득을 위한 핵심 요소인 친밀감과 유대감을 형성할 수 있으며, 개인의 브랜드 가치를 높일 수 있다.

사람들 앞에 나서기를 두려워하는 이유는 보통 다음과 같다.

첫째, 열등감 때문이다. 박 대리도 겉으로 보기에는 친구도 있고 직장 동료도 있으며 사교적으로 보이는 편이다. 그러나 대체적으로 업무적인 일로 만날 뿐 마음 편하게 친밀함을 나누는 인간관계를 가질 수 없었다. 그 이유를 거슬러 올라가 보면 내 안에 가지고 있던 외모에 대한 콤플렉스 때문이었다. 열등감을 심리학 용어로 콤플렉스라고 한다. 대부분의 사람들은 외모에 대한 콤플렉스가 많다. 잘난 사람도 외모에 대한 부족함을 느낀다는 사실에 외모에 자신이 없는 박 대리는 새삼 놀랐다. 가지고 있어도 부족함을 느낀다는 것은 현실보다 목표나 기대치가 더 높다는 뜻이기도 하다. 그것은 현실을 망각하고 회피하는 것과 마찬가지다. 나아가 열등감을 증폭시키는 결과를 낳게 된다.

외모 지상주의 시대에서 당연한 결과이지만 어찌 보면 부당한 일이다. 하지만 사람들은 그것을 당연하게 받아들인다. 어느 날부터 잘생긴 아이와 못생긴 아이로 구분하고, 똑똑한 아이와 똑똑하지 않은 아이로 나눈다. 이 세상이 만약 그 두 가지로만 양분된다면 지금 살아남은 사람은 극히 드물 것이다. 세상에는 다양한 개성과 성격을 지닌 무수한 사람들이 어울려 살아간다. 사람들 하나하나의 인격은 매우 소중하다. 하지만 주관적인 잣대 또는 그룹의 단편적인 판단으로 사람들을 나눈다면 의도치 않은 차별이 생겨나게 된다. 우월한 쪽에 속하지 않은 사람들은 평생을 열등감 속에 살아야 한다.

열등감을 느끼지 않으려면 무엇보다 자신을 있는 그대로 받아들이고 사랑해야 한다. 하지만 대개 가진 것보다 부족함을 먼저 생각하기 때문에 말처럼 쉽지는 않다. 자신이 가진 것과 장점들에 감사하고 단점을 인정하며, 그것을 고치기 위해 스스로 노력한다면 열등감을 극복하고 자신감을 회복하는 데 걸리는 시간은 짧아질 것이다. 현실의 처지를 원망하며 살 것이냐, 아니면 단점을 인정하고 장점을 키울 것이냐는 결국 스스로의 판단에 달려있다.

둘째, 대인관계의 긴장감 때문이다. 대인관계의 긴장감 때문에 사람들을 만날 때 편안한 마음보다는 의식적으로 행동하게 된다.

박 대리의 경우 늘 '상대방이 날 어떻게 생각할까?', '나를 어떻게 보여야 할까'에만 집중했다. 사람들로부터 '거절당할까 봐', '비난받을까 봐', '실망할까 봐' 등의 이유로 의사소통에 어려움을 겪었다. 그러다 보니 '차라리 아무 말도 하지 않는 편이 낫겠다'고 마음먹게 되었고, 상대방이 듣고 싶어 하는 말만 하게 되었다. 결국 상대방과 깊은 대화를 나눌 수 없게 되었고, 요점 없는 대화에 상대방도 지루함을 느끼게 되었다. 그렇게 서로 간에 의사소통은 점점 더 어려워졌고, 관계는 개선될 기미를 보이지 않았다.

사람을 만날 때 지나치게 긴장하는 사람들은 전화조차도 마음 편하게 못한다. 전화기를 들고 몇 번이나 망설이고 다짐한 후에야 비로소 통화 버튼을 누를 수 있다. 상대방의 거절이 두렵거나 또는 귀찮아할 것이라는 생각이 들기 때문이다. 하지만 이렇게 사람들 앞에 나서는 어려움이나 불안 같은 증상이 심할수록 벗어나고 싶은 욕구도 역시 강해진다.

제4절
실수한 프레젠테이션에서 얻은 교훈

    박 대리는 중요한 프레젠테이션 발표를 앞두고 발표 장소에 늦게 도착한 적이 있었다. 모 건설사 모델 하우스에서 건설사 임원과 중역들을 대상으로 한 설명회인데, 그날 하필이면 장소에 늦게 도착한 것이다. '늦게'라는 것은 발표 예정 시간을 지나서 도착했다는 의미가 아니라 발표 예정 시간보다 30분 일찍 와야 하는데, 그만 5분 전에 도착하고 만 것이다.

    도착하자마자 바로 신축 모델 하우스 입구로 향했고, 방으로 들어서는 순간 왼쪽 양말에 큰 구멍이 나있는 것을 발견했다. 순간 움찔했다. 엎친 데 덮친 격으로 슬리퍼도 없었다. 그대로 곧장 편의점으로 향하고 싶었지만 이미 건설사 임원들이 프레젠테이션 발표장에 자리 잡고 앉아서 프레젠터를 기다리고 있던 참이었다. 박 대리는 순간 막막했다. 돌아서서 나가고 싶었지만 그럴 수도 없는 상황이었다.

결국 그날의 발표는 기대 이하였다. 아니 대실패였다. 청중석에 있던 건설사 임원들의 시선이 모두 구멍난 양말 사이로 솟아오른 왼발 엄지발가락에 가 있었다. 그들의 시선은 정확히 박 대리의 왼발을 향하고 있었고, 몇몇은 웃음을 참지 못하는 표정이었다. 땀 방울이 등줄기를 타고 스르륵 흘러내렸다. 쥐구멍이라도 있으면 숨고 싶었다. 아니 솔직히 밖으로 뛰쳐나가고 싶었다. 그렇게 하는 둥 마는 둥 허겁지겁 프레젠테이션을 마쳐야 했다.

'그날 점심 식사 장소가 신발을 벗고 들어가는 식당이었으면 미리 알아챘을 텐데….' 하는 후회가 머릿속을 맴돌았다. 그날 점심 식사 장소는 온돌방이 아닌 식탁이 있는 식당이다 보니 신발을 벗을 일이 없었고 양말의 상태를 알 리가 없었다. 물론 그건 구차한 변명에 불과했다. 하지만 그날의 프레젠테이션은 박 대리에게 여러 가지 교훈을 주었다.

첫째는 발표 전 장소를 미리 확인했어야 한다. 발표 장소를 미리 아는 것과 모르는 것은 심리적으로도 큰 차이가 있다. 발표할 장소를 미리 답사했다면 낯설지 않아 긴장감이 훨씬 줄어들게 된다. 청중들의 자리 배치와 장비들의 종류와 위치, 심지어 콘센트의 위치까지도 미리 확인하면 좋다. 만약 콘센트 위치가 멀다면 연장 멀티탭을 준비해야 한다. 마이크랑 조명 등을 미리 체크해 두면 마음도 편하고 청중들에게도 미리 준비했음을 보여줄 수 있다. 만약 시간적 여유가 없다면 프레젠테이션 장소를 사진으로 확인하는 것도 괜찮다. 요즈음 업체 홈페이지는 회의실이나 강당의 사진이 올려져 있는 경우가 많고, 그렇지 못한 경우에는 동료나 담당자에게 부탁해서 현장 사진을 확보할 수도 있다.

둘째는 시간이다. 발표 시간보다 일찍 도착했더라면 근처 편의점에서 양말을 새로 사서 갈아 신을 수 있는 여유가 있었을 텐데, 너무 촉박하게 도착하다 보니 사태를 알아챘을 때는 이미 늦어버린 것이다. 그러므로 발표 예정 시간보다 일찍 와서 회의실을 확인하고 자료를 준비하는 여유가 필요하다. 시간적 여유가 있다면 미리 청중들에게 다가가 악수를 청하거나 인사를 나눌 수 있다. 미리 청중과 인사를 나누고 대화를 나누면 친밀감이 생겨 편안한 마음으로 발표를 진행할 수 있다. 특히 시작할 때 청중들과 눈 마주침이 훨씬 쉬워진다.

셋째는 여유다. 일찍 도착해서 긴장된 목과 어깨 근육을 풀어주거나 심호흡을 몇 번 해서 긴장감을 풀어주고, 조음 기관도 풀어 주는 시간을 가지는 것이 좋다. 또한 오늘 발표할 내용을 한 번 더 반복해서 리허설해 보는 것도 좋다. 물론 앞에 청중이 있기 때문에 소리를 내지 말고 머리 속으로만 리허설을 진행한다. 신체와 정신은 긴밀히 연결되어 있다. 사전에 미리 긍정적인 생각으로 리허설을 해본다면 긴장과 스트레스를 반감시키고 스스로 자신감을 불어넣을 수 있다.

우리는 살아가면서 중요하고 설레는 순간을 자주 만나게 된다. 초등학교에 입학하여 처음으로 친구들과 만나는 날, 대학생이 되어 첫 미팅을 나가는 날, 그리고 나의 운명과도 같은 사랑을 만나던 날. 그러나 생각해 보니 이보다 더 나를 긴장되게 하는 날이 있었다. 바로 첫 프레젠테이션을 하는 날이다. 다른 중요한 순간은 잘못해도 만회할 수 있지만 프레젠테이션에 두 번의 기회란 없는 법이다. 그래서 더욱 치밀하게 준비하고 연습해야만 한다.

프레젠테이션을 잘하는 사람을 보면 어떤 생각이 드는지에 대해 물어본 결과 '능력 있고 일도 잘한다고 한다.'는 답변이 98%였다. 그만큼 프레젠테이션 능력과 일은 상관성이 깊어 보인다.

제5절

불안감의 원인

캐나다의 한 대학에서 사람이 언제 공포를 느끼는지 연구를 했는데, 어두운 곳에 혼자 있을 때, 벌레를 봤을 때, 높은 곳에 있을 때, 그리고 대중 앞에 서서 말하라고 했을 때라고 한다. 이렇듯 여러 사람 앞에서 하는 발표가 두려운 것은 우리나라 사람뿐만 아니라 전 세계가 공통된 모양이다. 불안감은 사람들 앞에서 무언가 보여 주어야 할 때 자신이 한 행동이 잘못되거나 부정확하게 보여지는 것에 대한 두려움에 기인한다.

필자에게 프레젠테이션을 배운 몇몇 분들의 불안 증상과 원인을 사례로 살펴보겠다.

사례 1) 여러 사람들 앞에서 발표할 때

40대의 최모 씨는 잘나가는 강남의 공인중개사다. 그것도 빌딩 매매만 전문적으로 중개하는 유능한 공인중개사이다. 그는 특히 많은 사람들을 만나서 매물 건을 설명하고 매도·매수자들 간의 거래를 성사시키기 위해 끊임없이 설득한다. 그는 고객과 1 대 1로 설명하거나 설득할 때는 말을 잘한다. 하지만 많은 사람들 앞에서 매물 건을 설명할 때면 항상 곤란을 겪는다. 당황한 나머지 얼굴과 손에서 땀이 나기 시작하고 심장박동이 빨라지고 숨도 가빠진다. 그리고 손발이 심하게 떨리고 온몸이 뻣뻣해지면서 아무 생각도 나지 않는다. 그런 자신의 모습을 사람들이 곧 알아차리고는 사람들이 자기를 이상하게 생각할 것이라고 믿으며, 앞으로 자신에게 의뢰하거나 매매를 맡기지 않을 것이라고 걱정하였다. 이런 이유로 최 씨는 여러 사람이 모인 곳에 서는 것을 매우 두려워했고, 불안감 때문에 실력을 제대로 발휘하지 못하는 자신을 심하게 질책한다.

1 대 1로 설명하거나 대화는 잘하지만 똑같은 내용을 여러 사람들 앞에서 발표할 때 잘 안 된다. 더구나 상대가 나를 무능하다고 생각할 것이라고 믿게 되면 사태는 더욱 심각해진다. 이런 상황에 처하면 더욱 불안하고 초조해져 자리를 떠나고 싶거나 피하고 싶어진다. 그리고 그런 자신에게 실망하며 괴로워한다.

사례 2) 낯선 사람들과 이야기할 때

20대의 대학생인 김 양은 자신의 말투가 너무 어리숙하게 보여서 상대방이 자신을 우습게 볼까 봐 신경을 쓴다. 그래서 말을 잘하려고 신경을 쓰는데 그럴수록 말이 생각대로 안 나고 목소리도 떨린다. 얼마 전에는 상대방이 자신에게 한 이야기를 잘못 이해했는데도 제대로 말도 못하고 그냥 넘어갔다. 상대방의 이야기를 이해하지 못한 자신을 이상하게 생각할까 봐 두려워서 말하지 못하였다고 한다.

낯선 사람들이 자신을 이상하게 여기거나 우습게 생각하지 않을까 두려워한다. 그리고 자신의 목소리에 집중하면서 자신의 목소리가 떨리는 것을 느끼고 더욱 불안해 하며 상대방이 눈치챌까 봐 눈조차 제대로 마주치질 못한다.

사례 3) 이성과 이야기할 때

30대 직장인 오 씨는 대인 관계 상황에서 약간의 불안이나 두려움은 느끼지만, 여성과 데이트를 할 때는 더욱 심한 두려움을 느낀다. 이성과 마주 앉아 이야기하면 얼굴이 붉어지고 땀이 나며 온몸이 떨려 말이 제대로 나오지 않는다. 특히 목소리가 떨리고 침 삼키는 소리조차 너무 크게 들려, 긴장한 것을 상대방이 알아차릴까 봐 걱정한다. 한 번은 소개로 만난 상대 여성이 무척 마음에 들었지만 목소리도 제대로 나오지도 않고 더 많이 떨렸다. 그는 상대가 이런 자신의 모습을 보고 남자답지 못하고 자신감이 없다고 생각해서 싫어할까 봐 두려웠다. 그래서 상대가 마음에 들었음에도 불구하고 또 다른 실수를 해서 더 당황스러워질까 봐 얼른 핑계를 대고 그 자리에서 일어났다. 그후 이성과의 만남이 더욱 어렵게 느껴졌고, 이러다가 결혼도 못할 것 같다는 두려움을 갖기도 했다.

누구에게나 이성을 만나거나 이성과 함께 있을 때 몹시 긴장했던 경험이 한 번쯤은 있을 것이다. 대부분의 사람들은 약간의 긴장 정도에서 끝나지만 어떤 사람은 그 정도가 심해서 이성과 대화조차 나누기 힘들어하는 사람도 있다.

제6절

불안에 대한 오해와 진실

국민건강보험공단의 최근 자료를 보면 불안장애로 인해 병원을 찾은 사람이 매년 증가하고 있다고 한다. '불안장애'는 '불안함' 때문에 마음이 편치 않은 상태라고 할 수 있다. 즉 이상 긴장으로 견디기 어려울 정도의 상황에 자율신경계가 반응하는 것을 뜻한다. 예를 들면 위기의 상황이 되면 심박수가 올라간다든지, 숨쉬기가 답답하다든지, 아니면 온몸에 손발이 찌릿찌릿하고 어지러움증이 생기는 것과 같은 극심한 긴장을 야기한다. 하지만 그렇지 않은 상황에도 계속 증상이 나타나는 것을 우리는 불안장애라고 이야기한다. 심리적인 불안 요인이 몸에 변화를 가져오는데, 불안 상황이 해제된 상황에서도 증상이 지속되기도 한다.

한편 극단적인 상황을 맞닥뜨렸을 때 공황장애에 빠진다고 이야기한다. 불이 났거나 깊은 물에 빠질 정도로 위험한 상황이라고 뇌가 오인하는 경우가 반복되는 것을 공황장애라고 한다.

저강도의 염려와 걱정 같은 경미한 긴장은 해롭지 않다. 오히려 우리 몸이 긴장한다는 것은 시험을 준비한다든지 발표를 앞두고 잘 대비할 수 있도록 해 주는 경계 시스템이기 때문에 잘 작동하면 오히려 효과적일 수 있다. 하지만 경미한 긴장 상태를 벗어나 무슨 일이 일어날 것만 같고 나쁜 일이 생길 것만 같고 위험한 일이 생길 것만 같은 염려 또는 불안감이 지속될 때 우리는 불안장애로 의심해 볼 수 있다.

예를 들면 버스를 타고 가다가 '이 버스가 전복되진 않을까'라고 생각하는 불안 같은 것이다. 또한 가족에게 안 좋은 일이 생길 것 같고 자꾸 나쁜 일이 벌어질 것 같은 비합리적이고 현실적이지 못한 생각이 이어진다면 문제가 있다. 나의 몸은 그런 생각에 맞춰 대응하기 때문에 일상생활에서 끊임없이 긴장감이 유지됨으로써 피곤해지고 실수를 하게 된다. 만성적으로 불안장애인 사람은 쉽게 지치고 좌절감과 실망감을 안고 살아가게 된다. 결국 우울증으로까지 발전할 수도 있다.

'불안'을 사전에서 찾아보면 '마음이 조마조마하고 걱정이 있는 것으로, 이는 대개 정상적인 반응이다'라고 설명하고 있다. 여기서 중요한 것은 '마음이 조마조마하고 걱정이 있는 상태'가 아닌 '정상적인 반응'이다. 즉 누구나 다 가지고 있고 겪고 있는 증상이라는 말이다.

그러나 우리는 이것을 심각하게 받아들이고 인정하고 싶지 않아 하며, 열등감이 클수록 불안을 받아들이지 않고 털어놓지 않는다. 하지만 그럴수록 불안감은 더욱 심화된다. 우리가 발표를 앞두고 흔히 겪는 불안 증상은 매우 정상적인 반응이며, 오히려 적당한 긴장과 스트레스로 대처 능력을 촉발하여 발표 능력을 향상시킬 수 있다.

제7절
불안 증상 바르게 이해하기

앞에서 불안해질 때의 다양한 신체적 증상들에 대해 이야기했다. 이제 불안해질 때 우리가 하는 행동에 주목해 보자. 가장 전형적인 행동은 두려운 상황을 회피하려는 것이다. 두려운 상황을 계속 회피함으로써 적절히 행동할 기회가 점차 줄어들게 되고, 실제로 그렇게 걱정할 만한 일이 일어나지 않는다는 것을 배울 기회를 잃게 된다. 또한 이런 회피로 인해 불안 증상이 계속 유지된다.

신체적 증상

신체적 증상(physical symptom)은 우리가 불안을 경험할 때 제일 먼저 나타나고, 발표자가 가장 먼저 인지하게 되는 신체 반응이다. 많은 사람들 앞에 서면 가슴이 두근거리고, 심장박동이 빨라지고, 손발이나 목소리가 떨리며, 숨이 가빠지거나 어지럽고, 얼굴이 붉어지며, 근육 또한 긴장하며, 배가 아픈 것 같은 유쾌하지 않은 신체적 증상들을 경험한다. 특히 불안을 경험하는 사람들은 다른 사람들의 시선을 매우 중요하게 생각하기 때문에 몸이나 목소리가 떨리거나 얼굴이 붉어지거나 땀이 나는 등 눈에 띄는 신체적 증상들이 나타난다. 그리고 그 신체적 증상을 스스로 인지함으로써 더욱더 긴장하게 된다.

이럴 경우에는 우리가 준비하고 계획했던 일들이 수포로 돌아가거나 목표를 달성하지 못하는 결과로 나타날 수도 있다. 임원 앞에서 하는 프레젠테이션이나 성과 보고, 대학교 수업에서의 조별 발표 등을 앞두고 나타나는 불안 증상들은 직접적으로 중지시킬 수는 없지만 조금 안정되면 저절로 없어진다. 다른 사람들로부터 객관적인 피드백을 받아 보면 놀랍게도 이런 증상들은 자신이 생각하는 것만큼 눈에 띄지 않는다.

인지적 증상

인지적 증상(cognition symptom)은 다음과 같이 나타난다. 다른 사람들 앞에서 심한 불안감을 느낄 때면 머릿속으로 많은 생각이 스쳐 지나간다. 그리고 이런 일이 반복되면 통제할 수 없을 정도로 자동화되어 생각을 하지 않으려 해도 어느새 자신의 머릿속을 채우게 된다.

"난 이 자리에 어울리지 않아."

"난 참 멍청한 소리만 해."

"난 부적절해."

"다른 사람들은 나를 바보 같다고 생각할 거야."

"내 목소리가 이렇게 떨리는 것을 본다면 이상하다고 생각할 거야."

심리학에서는 이런 종류의 생각을 '비합리적'이라고 말한다. 타당한 이유가 없다는 의미이다. 한편으로는 부적응적인 생각이라고도 한다. 이런 생각들은 불안감을 더욱 증폭시킴으로써 결과적으로 대인 관계를 불편하게 만든다.

행동적 증상

불안한 상황에서는 행동적 증상(action symptom)이 부적절한 행동으로 나타난다. 마치 신체의 고통처럼 어떤 행동을 할 것을 요구하는 위험 신호이다. 이런 반응 중의 하나가 바로 '몸이 얼어붙는 것'이다. 즉 아무런 행동을 하지 못하게 된다. 몸이 얼어붙으면 말하거나 움직이거나 회상하는 등의 자발적인 행동을 할 수 없다. 심지어 자신의 이름이나 집 전화번호조차 생각이 나지 않을 수도 있다. 하지만 이 반응은 대개 매우 짧은 시간 동안 지속되다가 조금 지나면 사라진다.

길을 가다가 무서운 사자와 조우했다고 가정해 보자. 아마 몸이 얼어붙은 것처럼 아무런 행동도 취하지 못하게 될 것이다. 무엇보다 머릿속은 하얗게 되어 아무것도 생각이 나지 않을 것이다. 그리고 짧은 시간이 지나서 몸이 풀리면 정신을 차려 젖 먹던 힘을 다해 도망칠 것이다.

맹수를 만났을 때 느끼는 불안과 그에 대한 반응은 우리가 불안한 상황에 직면했을 때 나타나는 반응과 유사하다. 불안한 상황에서 느끼는 긴장과 스트레스는 우리가 맹수를 만났을 때 느끼는 불안과 스트레스에 맞먹는다. 하지만 반대로 일정 시간이 지나면 우리는 정신을 차리게 되고, 그때부터 초인적인 힘을 다해 맹수로부터 도망갈 것이다. 이렇듯 초인적인 힘을 프레젠테이션 발표에 사용한다면 더 큰 효과를 낼 것이다. 사람들 앞에서 발표를 하거나 프레젠테이션을 할 때 적당한 긴장과 스트레스는 도움이 된다.

또 다른 행동적 증상은 회피이다. 불안을 경험한 사람들은 사람들이 자신을 관찰하거나 평가하는 상황을 두려워하여 회피하려 한다. 그러나 불안 증상을 지닌 모든 사람이 불안한 상황을 완전히 피하는 것은 아니다. 하지만 이런 사람들도 미묘한 형태의 회피 행동을 한다. '안전 행동'이라고 부르는 이런 행동은 다른 사람들로부터 부정적인 평가를 받는 것을 막거나 줄이기 위한 행동이다. 예를 들어 발표할 때 목소리가 떨리는 것을 두려워하는 사람은 실제로 발표할 때에 필요 이상으로 발표를 짧게 하거나 말을 빨리해 버린다. 사람들 앞에서 얼굴이 붉어지는 것을 두려워하는 사람들은 화장을 진하게 하거나 큰 안경을 써서 감추려고 한다.

사회생활을 하다 보면 불안을 느끼는 상황들을 많이 접하게 된다. 예를 들어 내일 중요한 발표를 해야 되는데 준비가 안 되었다면 누구나 불안을 느낄 것이다. 이러한 상황에서 불안하게 느끼는 것은 지극히 당연하다. 그 상황을 객관적이고 현실적으로 평가할 필요가 있다. 만약 우리가 이런 상황에서 불안을 느끼지 못한다면 철저히 준비를 하지 않을 것이고, 결국 제대로 된 발표를 할 수 없게 된다.

제8절
자동적 사고 바꾸기

잠재의식은 옳고그름을 판단하거나 선택하는 능력이 전혀 없다. '돈을 많이 벌고 싶지만 나에게는 그럴 능력이 없다.'고 말하면 잠재의식은 그것을 진실로 받아들인다. 반대로 '나는 반드시 부자가 되고 말겠다.'라고 말하면 그것 역시 진실로 받아들여 끝내 이루어내고 만다.

언제나 좋은 것만을 잠재의식 속에 심어야 한다. 마치 습관처럼 되어야 한다. 좋은 미래를 반복해서 생각하고 있는 동안 서서히 변하게 된다. 그리고 어느날 문득 보다 안정되고 매력적인 자신, 풍요롭고 행복해진 자신을 발견하게 될 것이다.

불안을 없애기 위해서는 '자동적 사고 바꾸기'를 활용하면 좋다. 자동적 사고 바꾸기로 사건을 어떻게 지각하는가에 따라 생각을 모니터링할 수 있고, 생각을 바꿈으로 인해 감정과 행동 역시 바꿀 수 있다.

긍정적인 모니터링을 통해 감정과 행동을 긍정적으로 유도할 수 있다.

첫째, '사건을 어떻게 지각하는가'가 긍정적으로든 부정적으로든 감정과 행동에 영향을 미칠 수 있다. 예를 들어 당신이 아침에 출근하다가 이웃에 사는 사람을 보고 인사를 했다. 그런데 그 이웃에 사는 사람은 당신을 보고 인사를 하지 않고 지나갔다고 하자. 이때 이웃에 사는 사람이 나를 무시해서 그렇다고 생각하면 기분이 나빠질 것이고, 다음에 만나게 되었을 때도 서먹하게 대하게 된다. 그러다 사소한 일로 그 이웃과 부딪히게 되면 쌓였던 게 폭발하여 다툼으로 이어지게 된다. 하지만 보지 못해서 인사를 못했다고 생각하면 기분이 나빠지지 않고, 다음에 그 사람을 보아도 아무렇지 않게 대할 수 있다.

둘째, 생각은 모니터링할 수 있고 바꿀 수도 있다. 즉 자신의 사고방식을 알고 평가할 수 있다. 부적응적인 생각을 파악해서 적응적인 생각으로 바꾸려는 노력도 필요하다.

자동적 사고(automatic thoughts)는 의도하지 않고 노력하지 않아도 머릿속에서 자동적으로 떠오르지만, 대개 스스로도 이런 생각들을 의식하지 못한다. 그럴듯하거나 합리적인 것처럼 보이므로 옳은 생각인지 의문을 갖거나 검증하지 않은 채 무조건 타당한 것으로 받아들인다. 어떤 경우에는 그러한 생각이 틀렸다는 객관적 증거가 있음에도 불구하고 잘못된 생각을 자동적으로 받아들이게 된다.

자동적 사고는 다음과 같은 특성이 있다.

● 분명하고 간결하다 : 마치 전보나 속기처럼 짧게 생략된 형태로
머릿속에 빨리 스쳐간다.

● 자동적이다 : 거의 반사적으로 일어난다.

● 그럴듯하거나 합리적인 것처럼 보인다 : 그것이 옳은지 의문을
갖거나 검증하지 않은 채 무조건 타당한 것으로 받아들인다. 따
라서 그러한 생각이 틀리다는 객관적 증거가 있음에도 불구하고
받아들일 수 있다.

● 반복적이고 강력하다 : 그것들은 강박적 성향이 있어서 계속 반
복적으로 나타나며, 중단시키기가 어렵다.

● 특별하다 : 그것들은 상황에 의해 결정된 것이며 어떤 반응들을
자극할 수 있다.

셋째, 생각을 바꿈으로써 감정이나 행동을 바람직한 방향으로 바꿀
수 있다. 만일 당신이 자신의 생각을 변화시킬 수 있다면 자신의 감정
과 행동도 역시 변화될 수 있다. 이런 이유로 잘못된 생각과 신념을 알
아내고 긍정적인 것으로 바꾸는 방법을 배워야 한다.

불안이나 걱정거리가 생겼다고 두려워할 필요는 없다. 때로는 불안
이나 걱정이 약이 될 수도 있다. 걱정거리나 근심거리는 지금까지 생
각하지 않았던 새로운 것을 생각해 내고 깨닫는 하나의 계기가 될 수도
있기 때문이다.

제9절

열등감을 극복하라

우리의 박 대리도 한때 열등감에 빠져 힘들어하던 때가 있었다. 외모에 대한 열등감을 가진 사람은 외모만 보이고, 외모가 모든 평가의 기준이 된다. 박 대리도 역시 그랬다. 눈에 필터 처리된 듯 외모만 보이고 다른 기준들은 보이지 않았다. 이것은 아이들의 사고방식과도 비슷하다. 전체를 보지 못하고 일부만 보고 전체를 해석하는 것은 미숙한 판단이다.

열등감은 관점의 차이이다. 열등감은 항상 현실을 비관적이고 부정적으로 생각하게 만들기 때문에 문제가 된다. '내가 이 사실을 이야기하면 사람들은 날 싫어할 거야.' 등 늘 자신의 불완전하고 부족한 부분에 대해 부정적인 평가를 스스로 내리다 보면 자동적으로 열등감에 빠진다.

열등감이 심한 사람들은 자칫 시기심으로 이어질 수 있다. 시기심이란 나보다 성공했거나나 뛰어난 외모, 학력 등을 가진 사람을 볼 때 화가 나는 심리적 상태이다. 그런 상대 앞에서 한없이 초라해지는 자신을 보면 상대방에게 화가 난다. 이렇듯 시기심을 가진 사람들은 원만한 대인관계를 유지하기 힘들다. 상대방과 겉으로는 친한 척해도 속으로는 시기하고 질투하는 마음이 있기 때문이다.

박 대리는 옷을 잘 입는다는 말을 가끔 듣는다. 그래서 사람들이 명품 같다고 칭찬을 하면 이렇게 대응한다.

"아네요. 이거 세일할 때 아주 싸게 산 거예요"

"10년 전에 산 건데 아직도 입네요."

겸손처럼 비칠 수도 있지만 다른 사람의 시기심을 유발하지 않으려는 노력이기도 하다. 시기심이 얼마나 무서운 것인지를 알기 때문이다.

열등감은 우리로 하여금 두려움 때문에 완벽을 추구하게 하고, 우리 자신을 점점 더 고립시킨다. 그러면 사람들은 거만하다고 생각할 수 있다. 거만해 보이는 사람들 중 꽤 많은 사람들은 실제 거만해서가 아니라 열등감 때문에 거만한 것처럼 보인다. 열등감이 생기면 왠지 모를 경계심과 적대감이 생긴다. 그렇게 되면 허세를 부리게 된다. 그러나 허세의 껍질 속에는 고독과 열등감이 굳게 자리잡고 있다.

열등감을 극복하기 위해서는 다음의 것들이 필요하다.

첫째, 자존감이 필요하다. 나는 가치 있는 사람이며 호감을 주고 사랑받을 만한 사람이라고 느끼는 것이다. 자존감이 낮은 사람은 자신감이 잃어 무기력증에 잘 빠지고, 자신은 노력해봤자 별수 없다고 믿는다.

둘째, 자신감이 필요하다. 내게 무슨 일이 맡겨져도 해낼 수 있다는 자신감을 가지고 나는 유능하다고 믿어야 한다. 자신감이 있는 사람은 실패를 두려워하지 않는다.

제10절
기회는 준비된 사람에게 미소짓는다

'왜 프레젠테이션이 어려운가?'라는 질문에 대부분의 사람들은 실제 프레젠테이션을 할 기회가 없었다고 답변한다. 결국 해보지 않았기 때문에 어려운 것이라는 이야기다. 그렇다면 프레젠테이션할 기회는 어떻게 잡는가? 혹시 프레젠테이션 기회를 스스로 회피한 것은 아닌가? 프레젠테이션을 할 기회는 주변에서 얼마든지 찾을 수 있다. 들어줄 사람이 있고 서서 말할 수 있는 자리만 있다면 그 자리가 바로 프레젠테이션 현장이다. 그러나 많은 사람들이 스스로 프레젠테이션 기회를 포기함으로써 경험 부족이라는 변명을 만들어 간다. 사회생활을 하는 우리 모두는 아무것도 하지 않을 권리도 있지만, 동시에 해야 하는 책임감도 가지고 있다. 프레젠테이션 기회와 경험은 스스로 찾지 않으면 절대 오지 않는다.

사람들은 동일한 분량의 삶을 살아왔으나 삶의 질은 다 다를 것이다. 이 세상에서 가장 한심한 사람은 시험이 있다는 것을 잊어버리고 놀다가 시험 날 시험지를 받고 후회하는 사람이다. 시험지를 받는 순간 그 사람은 태만했던 지난날을 후회한다. 프레젠테이션도 마찬가지다. 어떻게 되겠지 하고 운에만 맡기다가 결국 발표 당일 버벅거리면서 준비에 소홀했던 지난날을 후회하게 되는 것이다. 지금 이 순간도 그냥 외면하고 운에 맡길 것인가, 아니면 강한 의지로 도전할 것인가는 본인 스스로 결정을 해야 하며 그 책임 역시 스스로 져야 한다.

프레젠테이션은 철저한 사전 연습 없이 갑자기 잘되지는 않는다. 그리고 절대 어떻게든 되지도 않는다. 아무런 준비 과정 없이 좋은 결과는 있을 수 없다. 제대로 된 시험 공부 없이 좋은 성적을 기대할 수 없는 것처럼 프레젠테이션 역시 연습과 훈련 없이는 절대 잘될 수 없다. '유비무환'이라는 말처럼 철저히 준비하고 사전에 대비하는 것만이 답이다.

Part 2

자신감을 확보하라

제1절
긍정적 셀프 피드백

프레젠테이션을 하기 전 두려움과 긴장감은 누구나 다 겪어봤을 것이다. 발표 당사자로 지목받는 순간부터 정신이 혼미해지기 시작한다. '어떻게 할까? 꼭 해야 하나? 피할 방법이 없을까?' 등 여러 가지 생각이 든다. 그리고 '왜 나에게 이런 시련을 주는 걸까?'라며 한탄할 수 있다. 무엇이 나를 이토록 힘들게 하는 것일까? 그것은 바로 미지의 일을 앞둔 두려움이다. 하지만 용기있는 사람이라면 두려움이 주는 강한 자극을 받아들이고 두려움을 긍정적인 에너지로 전환시킬 수 있다.

살아가면서 꼭 필요한 것이 바로 동기이다. 어떤 동기를 갖느냐에 따라 마음은 두려움으로 변할 수도 있고, 또는 강한 긍정의 에너지를 갖게 될 수도 있다. 그리고 긍정의 에너지는 긍정적인 변화를 가져온다. 그리고 그 동기는 두렵지만 반드시 해내야 하는 이유로 작용한다.

프레젠테이션을 하면 할수록 발전하는 자신의 모습을 느끼며 나날이 성취감을 느끼게 될 것이다. 자신에 대한 신뢰나 믿음이 조금씩 쌓여, 결국 자신에 대한 확신을 가지게 될 것이다. 이렇게하여 긍정적인 셀프 피드백이 만들어진다.

자존감 도둑이란 말이 있다. 한 마디로 남의 자존감을 깎아내리면서 즐거워하고 재미있어 하는 사람을 말한다. 자존감 도둑은 타인의 자아 존중감을 하락시키고, 다른 사람들을 깎아내리면서 본인의 자존감을 채우는 악역이다. 자존감 도둑은 본인의 허한 마음을 채우기 위해 자신을 스스로 높여보려다가 그래도 안 채워지니 남을 낮추는 방식으로 좋지 않은 이야기를 꺼내고 그것으로 자신과 타인에게 즐거움을 주려고 한다. 자존감 도둑들은 여러 사람들 사이에서 특정한 사람을 바보로 만들거나 할 말 없게 만들어서 다른 사람들을 웃기고, 그다음에는 대상을 바꾸어 나머지를 웃기려고 한다. 이런 사람들과의 접촉은 가급적 피하는 것이 이롭다.

제2절
청중에 대한 예의 : 말과 행동

"저는 말을 하다 보면 저 자신도 헷갈릴 정도로 우왕좌왕해요. 좀 더 논리적으로 말할 수는 없을까요? 1 대 1 대화는 그럭저럭하겠는 데, 몇 명만 모아 놓으면 말이 제대로 안 돼요."

대부분의 사람들은 이와 비슷한 고민을 가지고 있다. 하지만 이 세상의 모든 일은 노력 여하에 따라 결과가 달라질 수 있다. 노력하면 얼마든지 자연스럽고 유창하게 프레젠테이션을 진행할 수 있다. '연습은 천재를 만들고 훈련은 기적을 이룬다'는 말처럼 프레젠테이션을 제대로 배우고 훈련해서 자신감 있게 활용하기 바란다.

현란한 말솜씨만으로 청중을 설득하는 것은 불가능하다. 프레젠테이션을 할 때 그 내용을 제대로 이해하고 준비해야 청중에 대한 기본적인 예의를 지킬 수 있다.

청중을 대하는 기본적인 예의는 다음의 세 가지이다.

첫째, 말과 행동에 주의한다. 중국 당나라 때 관리를 등용하는 시험에서 인물 평가의 기준으로 삼았던 것이 신언서판(身言書判)이다. 몸 신(身), 말씀 언(言), 글 서(書), 판단할 판(判). 즉 인물을 평가할 때 몸가짐, 말씨, 필체, 판단력의 네 가지를 기준으로 삼는다는 뜻이다. 처음 만나는 사람이라도 대화를 나누다 보면 얼굴 표정과 말의 내용을 통해서 그 사람이 어떻게 살아왔고 지금 하고 있는 일이 무엇이며 무슨 생각을 하고 있는지 짐작할 수 있다. 같은 말이라도 그 말씨 속에는 그 사람이 살아온 인생의 내력이 묻어 있기 마련이다. 아무리 화려하고 우아한 옷으로 단장하더라도 험난하게 살아온 인생 역정까지 치장할 수는 없다. 그만큼 말과 행동은 중요하다.

둘째, 정돈된 말로 표현한다. 평소에 사람을 만나 대화할 때도 요령부득의 말보다는 요령 있는 말, 횡설수설하는 말보다는 줄기가 선 말, 산만한 말보다는 조리 있는 말, 융통성 없는 말보다는 재치 있는 말, 궁지에 몰려 흥분하기보다는 여유 있고 기지가 넘치는 말을 해야 한다.

셋째, 상대의 감정이나 생각을 전적으로 수용하는 태도이다. 어떤 평가나 판단·척도도 없이 상대를 존중하고, 상대의 말과 생각에 귀를 기울이는 자세다. 즉 모든 사람을 소중하게 대하는 태도이다. 공경은 존경 없이도 가능하지만, 존경은 인격과 인격이 만났을 때만 가능한 반응이다. 상대방을 인격적으로 대했을 때 진한 인격의 향기를 남기면 존경받을 수 있다. 지위나 부와 상관없이 상대방의 마음속으로부터 깊은 존경을 끌어낼 수 있다.

제3절
자신에 대한 믿음

자신감은 스스로 무엇이든지 해낼 수 있다고 믿는 것이다. 하버드 대학교의 에이미 커디(*Amy Cuddy*) 교수는 "우리 몸은 마음을 바꾸고 우리 마음은 행동을 바꾸며 행동은 결과를 바꾼다."라고 했다. 사람이 어떤 자세를 취하는가에 따라 생리학적인 호르몬 분비를 변화시킬 수 있다. 우리는 상대방의 얼굴과 보디랭귀지를 보고 여러 가지를 판단할 수 있다. 이를테면 상대방이 자신감이 있는지 없는지, 누굴 채용하거나 승진시킬지, 또는 어떤 사람과의 관계를 지속할지 아닐지도 판단할 수 있다. 신체는 감정과 연결되어 있으며, 감정은 생체리듬에 영향을 준다.

특히 중요한 것은 강하고 우월해지기 위한 비언어적 행동이다. 동물의 세계에서는 자신을 크게 보이도록 몸을 길게 늘여서 상대방에게 과시한다. 그리고 이러한 행동을 통해 우두머리가 되거나 세력을 확장

한다.

인간들도 비슷한 행동을 한다. 인간 역시 힘을 가졌다고 생각하면 그순간 몸을 길게 늘이는 행동을 보인다. 특히 흥미로운 사실은 힘의 과시가 일반적이며 오래된 행동이라는 것이다. 이를 '자신감'이라고 부른다.

어떤 육체적인 한계를 넘어 경쟁에서 이겼을 때 우리는 두 손을 번쩍 들어 올리는 행동을 한다. 결승점을 통과한 순간 승리의 V자를 하며 턱을 추켜올린다. 하지만 반대로 우리가 열세라고 느끼면 몸을 움츠리거나 감싸안는다. 자신을 외부로부터 닫아버린다. 자기 자신을 작게 만들고 옆 사람과 부딪히는 것을 싫어한다. 다른 사람이 나보다 힘이 있다고 생각하면 자신은 움츠리게 된다. 강하고 우월한 비언어적 행동에 위축된 것이다.

승리의 포즈

자신감을 가지고 우리의 몸을 바꾸면 마음을 바꿀 수 있다. 이런 비언어적 행동이 생각과 느낌에까지 영향을 미친다. 결국 힘 있는 사람들은 더 확신에 차 있고 더 낙관적이고 긍정적으로 생각하는 능력을 가졌으며, 어떠한 위험도 감수할 준비가 되어 있다.

마지막으로 자신감 있는 행동을 지속하여 움츠러든 마음이 펴질 때까지 마음을 속여야 한다. 그것이 반복되어 계속될수록 자신에게 내재화된다. '내가 누군지 제대로 보여 주지 못했어.'라는 후회가 되지 않도록 자신감 있는 자세를 취하기 바란다.

제4절
자신이 설 자리를 아는 사람

1981년 로널드 레이건(*Ronald Reagan*)은 대통령 당선 후 나토 사령관이었던 알렉산더 헤이그(*Alexander Meigs Haig*)를 국무장관으로 임명하였다. 그러나 얼마 후 헤이그는 그를 임명한 대통령으로부터 해임당하고 불명예로 사임한다. 이유는 레이건이 취임 2개월 만에 저격을 당하였을 때 헤이그가 즉각 내·외신 기자를 불러 자신이 이제부터 미국 대통령직을 맡겠다고 했기 때문이다. 하지만 그 당시 법으로 대통령의 유고 시 부통령이 대통령직을 대무하게 되고, 부통령 유고 시엔 하원의장이 대무하는 것으로 되어 있었으므로 국무장관과는 아무런 상관이 없었다. 단순히 헤이그의 착각이었다. 그는 레이건 대통령과 시찰 중에도 대통령보다 항상 두세 걸음 앞에 서는 실수를 범하였다. 그래서 헤이그를 대신하여 루이 하우라는 사람이 국무장관에 임명되었다.

루이 하우는 프랭클린 루즈벨트 대통령의 오른팔이었다. 프랭클린 루즈벨트는 미국의 경제 공황을 뉴딜정책으로 극복하고, 제2차 세계 대전 중에는 연합국 회의에서 지도적 역할을 다하여 전쟁 종결을 위해 많은 노력을 기울였던 대통령으로, 루이 하우는 그의 오른팔이자 내각의 2인자이고 젊은 시절부터 그의 정치적 동행자였다. 루즈벨트가 39세에 소아마비가 걸려 회복을 장담할 수 없었던 시간 동안 루이 하우는 루즈벨트 옆을 지켰고 루즈벨트는 끝내 회복되었다. 그 후 루즈벨트는 7년 뒤 뉴욕 주지사에 당선되었고, 4년 후에는 미국의 대통령이 되었다. 이러한 결과는 루이 하우가 11년 동안 루즈벨트의 옆에 있었고, 늘 자신의 자리가 지키면서 결코 흔들리지 않았기 때문이었다. 사람은 자신이 어디에 있어야 할지 제대로 알고 있어야 다른 사람들에게 신뢰를 줄 수 있다.

자신감을 갖기 위해서는 자신의 의지가 가장 중요하다. 그러기 위해서는 나를 아는 것부터가 시작이다. 내가 어떤 사람인지 알기 위해 제일 중요한 것은 내가 무엇으로 인해 상처받고 자존감이 낮아지게 됐는지를 알아야 한다는 것이다. 그리고 내게 무엇이 부족한지를 알아야 하며, 그것을 알아가면서 찾아내는 게 중요하다.

자신감을 얻기 위해 다음과 같은 원칙이 필요하다.

첫째, 완벽한 사람이 되려고 하지 말자. 완벽해지고자 하면 할수록 나의 단점과 부족한 점만 보인다. 한마디로 자존감이 낮아질 수밖에 없는 구조이다. 내가 아무리 노력해도 내 자존감은 반대로 낮아질 것이다. 완벽함보다는 작은 문제들을 해결하면서 작은 성취감을 느끼고 쌓아 가야 한다.

대부분의 사람들은 자신이 완벽하지 않다는 이유로 자기혐오에 빠져 있다. 완벽한 사람이란 존재하지 않는다. 오히려 불완전하기 때문에 노력을 기울이는 게 아닐까. 현실을 마주하는 것은 누구에게나 아주 괴로운 일이다. 하지만 지금까지 돌아보지 않았던 자신의 문제와 정면으로 맞닥뜨린 후에야 비로소 성장할 기회가 기다리고 있음을 깨닫게 된다.

둘째, 자신을 과소평가해서는 안 된다. 과소평가하면 남들과 비교했을 때 항상 부족하고 모자란 나로 인식되어 자존감이 낮아지며, 주변과의 비교를 통해 열등감을 갖게 된다. 그리고 열등감은 질투를 만들고, 질투는 자칫 시기심으로 이어질 수 있다. 시기심이란 나보다 외모·학력 등이 더 좋고 뛰어난 능력을 가진 성공한 사람을 볼 때 화가 나는 심리이다. 그런 상대 앞에서 한없이 초라해지는 자신을 보면 상대방에게 화가 난다. 그리고 상대를 파괴하고 싶어진다. 이렇듯 강한 시기심을 가진 사람들은 원만한 대인관계를 갖기가 힘들다. 상대방과 겉으로는 친한 척해도 속으로는 시기하고 질투하기 마련이다. 기쁨 대신 질투로 삶을 살면 그곳은 지옥이 된다. 반대로 내 마음을 질투 대신 기쁨으로 채우면 천국이 된다.

셋째, 실패를 두려워하지 말자. 실패 한 번 했다고 세상이 무너질 듯 좌절하는 사람들이 있다. 실패는 당연한 것이다. 세상에 성공만 있다면 얼마나 이상적이겠는가? 모든 사람들이 실패를 겪고 있다. 그리고 프레젠테이션에서도 실패는 누구나 다 겪는다. 실패를 부정적으로 받아들이기보다는 긍정적으로 받아들여 성장할 수 있는 기회로 받아들인다면 실패를 두려워하지도 원망하지도 않을 것이다. 나아가 설사 실패하더라도 기죽는 일 없이 다시 용기를 낼 수 있다. 먹고 자는 것을 잊을 정도로 심사숙고하더라도 그런 용기와 노력이 결코 고통으로 느껴지지 않으니 그런 상태에서 좋아하는 일에 능숙해지지 않을 리가 없다.

넷째, 자신의 정체성을 제대로 파악하자. 내가 있어야 할 자리를 정확히 알고 있어야 한다. 만약 그걸 모르면 자신의 자리를 착각하게 되고, 자신을 파멸로 이끌고 주변 사람들에게 고통을 주게 된다.

자존감은 자신의 정체성을 찾게 해주고 자신의 위치와 좌표를 알게 한다. 내가 있어야 할 자리를 아는 사람은 질투 대신 기쁨으로 가득 차 있다. 반대로 자신이 있어야 할 자리를 모르는 사람은 늘 기쁨 대신 질투로 가득 차 있다. 이러한 사람들은 남들과 비교하며 자신의 자리를 낮춘다. 그렇기 때문에 열등감만 가득해져 자기 자리의 소중함을 모르고, 결국 인생에서 돌이킬 수 없는 없는 실수를 저지르게 된다.

제5절
자신의 모습을 객관화하라

박 대리는 아직도 처음 녹화당했던(?) 프레젠테이션을 잊지 못한다. 녹화된 영상 파일을 USB에 담아 집으로 가지고 갔는데, 가족들이 볼까 봐 망설였다. 마침내 가족들이 잠들고 나서야 조용히 노트북을 켜고 보게 되었다. 꽤 충격적이었다. 우선 기대와는 많이 다른 외모는 그렇다 치더라도 어쩌면 그렇게 혀는 짧고, 발음은 부정확하고, 목소리는 어리숙하던지……. 채 1분을 넘기지 못하고 꺼버렸다. 용기를 내어 녹화 동영상을 보고 나니 머리를 한 대 맞은 것처럼 몽롱함과 복잡함을 느꼈다. 지금까지 알고 있었던 나와 실제 내 눈앞에 보이는 내가 확연히 다르다는 것을 알게 되었기 때문이다. 아마도 그 녹화 영상을 보지 않았다면 박 대리는 평생 동안 실제 자신의 모습과 상상하던 모습 사이의 괴리 속에서 오늘도 대중 앞에 불안에 떨며 서 있을 것이다.

긴장감을 100% 줄이는 방법은 없다. 그렇다고 긴장감이 0%가 되는 것도 바람직하지 않다. 그러나 지나친 긴장감은 발표 자체를 망칠 수 있으므로 이를 극복하는 것은 항상 중요한 과제이다. 긴장감을 줄이는 다양한 방법이 있지만, 가장 효과적인 방법은 적절한 준비와 리허설이다. 긴장감을 조절하는 가장 효과적인 방법은 리허설의 반복이다.

반복되는 준비와 리허설을 통하여 점점 자신감을 키우고 발표 시간이 가까워짐에 따라서 커져가는 긴장감과 상쇄시키면 적절한 긴장감을 유지하게 된다. 잘 준비된 프레젠테이션과 적절한 긴장감, 이 두 가지는 프레젠테이션이 성공하기 위한 필수 조건이다.

그러기 위해서는 먼저 객관화된 내 모습을 알아야 한다. 내 모습을 객관화하지 않으면 발전할 수 없으며 나를 개선할 수도 없다. 내 모습을 객관화하는 가장 효과적인 방법은 '녹화'이다.

제6절

맨얼굴의 나를 마주하라

박 대리와 아내는 가끔 의견의 불일치를 겪는다. 그럴 수밖에 없는 것이 박 대리가 생각하는 '박 대리'와 아내가 생각하는 '박 대리'는 다르기 때문이다. 박 대리는 스스로를 자신보다 한 단계 더 높은 좋은 사람으로 생각하고 있지만 아내는 박 대리가 어디에 있는지 정확히 알고 있다. 착각을 벗은 박 대리의 맨얼굴을 알고 있는 것이다.

프레젠테이션을 할 때 내가 생각하고 있던 나와 실제의 나 사이의 간극을 확인하면 당황하게 된다. 어쩌면 이런 당황스런 감정을 느낀 사람은 행운이라고 할 수 있다. 그렇게라도 당황스런 감정을 통해 진정한 자신, 혹은 자기의 맨얼굴을 찾을 수 있을 테니 말이다. 가면과 맨얼굴이 우리 내면에서 격렬하게 충돌한다면 누구나 당황스럽기 마련이다.

하지만 결국 맨얼굴이 가면의 얼굴을 이길 수밖에 없다. 맨얼굴을 부정하고 가면의 욕망을 추구하면 할수록 자신감은 줄어들고 삶은 무기력해질 뿐이다.

자신의 맨얼굴을 처음 봤을 때의 감정은 맨날 화장한 얼굴만 보다가 어느 날 아침에 여자 친구의 맨얼굴을 처음 봤을 때처럼 충격적이다. 그런데 과연 되돌릴 수 있을까? 여자 친구와는 헤어지는 것도 가능하지만, 본인하고는 헤어질 수 없다. 본인하고 헤어진다는 것은 세상으로부터 고립된다는 의미이다. 즉 단절이다. 그럼 어떻게 해야 할까? 받아들여야 한다. 여자 친구는 받아들이든지 아니면 바꾸면 되지만, 본인은 그렇게 할 수 없다. 다시 태어나지 않고서는 본인과 헤어질 수가 없다. 그러면 받아들여야만 한다.

본인을 받아들이지 못하면 평생 본인을 남으로 생각하고 살아가야 한다. 본인을 싫어하게 되고 인정하고 싶지 않게 된다. 그리고 본인과 점점 더 멀어진다. 결국 고립될 수밖에 없다. 왜냐하면 주변 사람들은 본인을 보고 평가하고 대응하지만, 자꾸 본인이 아닌 다른 사람으로 대접받고 평가받고 싶으니 그럴 때마다 싫고 또 상대방도 싫어진다. 그렇게 되면 본인뿐만 아니라 상대방도 보기 싫어진다. 그러면 인간관계도 힘들어진다. 본인은 다른 본인으로 인정받으며 살고 싶지만 그렇게 안 된다. 그때마다 좌절하게 되어 자존감도 낮아진다. 이 세상에서 나에게 주어진 것에 순종하면서 살 것인가? 아니면 내 안의 또 다른 날 위해 살 것인가?

인생은 하나의 거대한 유혹이다. 모든 욕망과 기대 그리고 이상은 인생의 긴 여정에서 반드시 거쳐야 하는 큰 문과 같다. 어떤 사람은 그 문을 열고 들어가 당당히 유혹에 맞서고, 어떤 사람은 지레 겁먹고 문을 열 생각조차 하지 않는다. 과연 어떤 사람이 더 보람되고 행복한 삶을 살 수 있을까? 누구든지 간절히 원하면 다른 사람의 도움 없이도 스스로 아름답고 행복한 인생을 창조해 낼 수 있다. 자신을 진정한 삶으로 인도하는 것은 오직 자기 자신뿐이기 때문이다.

존재는 자신이 살아온 삶 속에 있다. 생각하고 행동으로 실천하며 살아온 자신의 삶이 없다면 존재의 의미는 생명력이 없다. 자기 자신이 '무엇을 해야 하는지' 그리고 무엇을 하고자 하는지 생각만 할 것이 아니라, 하나씩 행동으로 펼쳐 나가야 진정한 존재를 만날 수 있다. 자신의 존재를 깊이 깨닫지 못한다면 자신이 살아온 진정한 삶의 의미를 깨닫지 못한다. 이러한 사람은 상대에게 의존하게 되고 상대를 소유하려고 한다. 소유에 대한 집착은 자신의 존재적 가치가 삶 속에 없을 때 더욱 강하다. 자기 존재의 상실감으로 인한 이러한 집착은 결국 불안을 증폭시키게 마련이다.

안의 것이 밖의 것을 보이지 않게 지배한다. 그리고 최종적 성공은 밖이 아닌 안에서 이루어진다. 즉 보이는 영역이 아닌 보이지 않는 영역에서 이루어진다. 지혜로운 사람은 겉이 아닌 속을 가꾸는 사람이다. 자신의 내면을 가꾼 사람은 다른 사람들 앞에서 가면의 얼굴이 아닌 내면의 맨얼굴을 드러내며 솔직함과 자신감을 발휘한다. 그러나 그렇지 않은 사람은 맨얼굴을 감추며 나도 아프고 타인도 아프게 하는 가시가 될 수 있다. 많은 사람들은 맨얼굴을 외면하거나 무시해도 된다고 한다. 그리고 가면의 얼굴만을 추구하며 가면의 얼굴에만 관심을 갖는다. 하지만 내면의 얼굴이 밖의 외모를 지배한다. 내면의 자신감은 외면의 말과 행동에도 영향을 준다. '나는 할 수 있다'는 내면의 자신감이 말과 행동에 자신감을 부여한다. 반대로 '나는 할 수 없다'는 자기 부정과 회피는 말과 행동에도 영향을 주는데, 이는 결과적으로 밖으로 표출되기 마련이다.

제7절

아픈 만큼 친숙해진다

당신은 사랑받고 행복해지고 싶은가? 그런데 사랑도 하기 전에 상처받을까 봐 두려워하고 있지는 않은가? 상처도 사랑이고 성숙이다. 상처를 두려워하지 말아야 한다. 그로 인해 얻어질 사랑을 기대하라. 그러면 아픔과 상처도 두렵지 않다. 마음만으로는 부족하다. 항상 마음과 행동이 함께 이루어져야 한다.

사랑 때문에 아프지만, 그렇다고 사람들은 사랑을 포기하지는 않는다. 사랑의 아픔을 견디는 사람만이 사랑할 수 있다. 아프지 않고는 친밀한 관계를 유지할 수 없는 것이 인간관계이기 때문이다. 사람을 만날 때는 조금 아플 각오를 하자. 무균실처럼 너무 안전한 대인관계만 찾다 보면 고립되고 만다. 인간은 부족한 존재이므로 서로에게 상처를 주고 상처를 받는다. 이것을 받아들일 수 있는 사람만이 성숙한 사람이다.

나도 너도 서로 부족하지만 그 자체로 사랑받을 만한 존재들이다. 친밀감을 느낄 수 있는 존재들이다.

박 대리는 싫어하는 사람 앞에서 싫어하는 마음을, 좋아하는 사람 앞에서 좋아하는 마음을 숨기지 못하는 성격이다. 후자는 상대방도 좋고 나도 좋지만, 전자는 둘 다 피곤하다. 그래서 최대한 말을 짧게 하는 것으로 그 순간을 모면하려고 한다.

또 박 대리는 수줍음이 없는 사람들이 부담스럽다. 프레젠테이션에서도 마찬가지다. 너무 긴장 없는 프레젠터는 호감이 안 간다. 약간은 긴장하면서도 최선을 다하는 본연의 모습이 더 아름답다고 생각한다. 약간의 머뭇거림, 정적, 응시 이런 것들에 더 신뢰가 간다. 자기가 좋아하는 것을 열정적으로 이야기하는 사람들이 더 좋다. 그리고 이내 풀이 죽는 모습도 사랑스럽다.

이런 본연의 감정에 충실한 모습이 진짜 '나'다운 것이기 때문이다. 이렇듯 '나다운 것'이 무엇인지 찾아야 한다. 무엇이 아름다운지, 무엇이 잘못되었는지, 내가 하고 싶은 말은 무엇인지, 누군가를 만나면 상대방의 매력이 무엇인지를 알아야 한다.

그 사람을 안다는 것은 상대방의 마음을 알아 가는 것이고 상대방의 마음을 알기 위해서는 나를 보여 주고 솔직한 나의 속마음도 보여 줘야 한다. 상대방은 마음으로 들어와 주길 원하는데 나는 겉으로만 알려고 한다. 그 상대방의 마음속으로 들어가야만 진정으로 그가 누군지를 알 수 있다. 무엇이 두려운가? 우리는 두려워하는 것이 아니다. 단지 친해지지 않았을 뿐이다. 친해지면 두렵지 않다. 상대방을 알기 위해서는 우선 솔직한 마음으로 상대방에게 다가간 후 상대방의 마음속으로 들어가야 한다. 그렇게 해서 친해진다면 상대방은 더 이상 나에게 두려운 존재가 아닌 친숙한 존재로 변모되어 있을 것이다.

제8절

두려움을 버리고 용기를 취하라

대학생 김모 양은 원래 내성적인 성격에다 사람들 앞에 나서는 것을 두려워했다. 그리고 사람을 만나는 데 심한 스트레스를 받고 있었다. 그녀에게 취업을 앞두고 내성적인 성격부터 고치고자 간접적인 사회생활을 경험해 보는 것도 나쁘지 않다고 제안했다. 그래서 편의점 아르바이트를 시작했고, 찾아오는 손님들과 한두 마디씩 나누다 보니 어느새 사람과 얘기하는 데 자신감을 갖게 되었다. '아! 나도 되는구나.' 하며 계속 자신감을 얻어 사람들 앞에 나서는 것도 가능해졌다. 이렇듯 정해진 장소와 시간에 수업을 받는 것처럼 배우기보다는 자신의 생활 속에서 살아있는 경험을 통해 배우는 것이 좋다.

대화는 소통의 수단이다. 사람이 서로 만났다가 헤어지면 그 사람의 외모를 기억하는 게 아니라 얼굴 표정이나 말투, 목소리를 기억한다고 한다. 처음에는 호감이 없었다가도 얼굴 표정이나 행동 등이 마음에 들면 관계가 지속될 수 있다. 감수성이 뛰어난 사람일수록 사람들에게 강한 인상을 남긴다. 웃기는 사람보다 웃어주는 사람을 더 좋아한다. 사람들은 힘들어서 포기하는 게 아니라 위로를 받지 못해서 포기한다.

여자들이 남자보다 더 오래 사는 이유는 '대화'가 있기 때문이라고 한다. 대화 내용을 살펴보면 중요한 것은 아무것도 없다. "야! 나 살쪘지?" "아니 좋은데." 이런 이야기를 세 시간 이상이나 한다. 그리곤 대화가 끝나고 식당을 나가면서 "전화해, 중요한 얘기 못했어. 자세한 내용은 전화로 하자."라고 한다.

우리의 인간관계에서 가장 흔히 나타나는 두려움은 타인으로부터 관심과 신임을 잃을까 하는 데서 비롯된다. 우리는 누구에게 상처를 줄 마음도 없고 정면으로 부딪칠 생각도 없다. 무엇보다도 누가 나에 대해 나쁘게 말하는 상황을 좋아할 사람은 아무도 없다. 직장에서도 마찬가지다. 직장 생활에서 느끼는 두려움 중 가장 큰 것은 무엇보다도 말 한 번 잘못함으로써 받게 될 불이익에 대한 두려움이다. 거절당할까 봐, 거래가 성사되지 않을까 봐, 상사나 동료의 신임을 잃을까 봐 우리는 늘 두려워한다.

그러나 뭐니 뭐니 해도 가장 어려운 일은 모르는 사람에게 말을 거는 일이다. 우리는 기본적으로 아무에게나 함부로 말을 걸어선 안 된다고 생각하므로 모르는 사람과 접촉하는 일을 꺼린다. 이러한 행동의 배경에는 거절당할까 봐 두려워하는 마음이 깔려 있다. 어쩌면 우리는 두려움 때문에 멋진 대화와 소통의 기회를 스스로 날려 버리는지도 모른다. 조금의 용기만 있으면 된다. 그 용기로 두려움을 이기면 다른 사람과 진심으로 소통할 수 있는 더많은 기회를 얻을 수 있다.

우리는 얼마든지 변할 수 있는 존재이다 그러기 위해서는 지금의 나를 그대로 받아들이고 인생에 놓인 문제를 직시할 '용기'가 필요하다. 성공도 실패도 모두 '용기'의 문제이지 환경이나 능력의 문제는 아니다. 그리고 프레젠테이션도 마찬가지로 환경과 능력의 문제가 아니다. 바로 '용기'의 문제이다. 성공하려면 환경과 능력 탓으로 돌리지 말고 반대로 실패할 용기도 있어야 한다. 그런 용기가 생겼을 때 우리에게 자신감도 생기고 프레젠테이션은 훨씬 더 성장할 수 있다.

제9절

청중을 배려하라

그렇다면 어렵게 용기를 내어 선택하게 된 프레젠테이션을 어떻게 하면 잘할 수 있을까? 그 답은 단순하다. 바로 청중이다. 청중과 프레젠터가 하나가 되어 공감하는 순간이 지속되고 청중의 결정과 설득을 얻어내면 성공한 프레젠테이션이 된다. 청중은 한 명이 아니다. 이 상황에선 이 사람에게, 저 상황에선 그 사람에게 그렇게 청중의 수준에 맞게 대응해야 한다. 프레젠터가 중심이 아닌 청중이 중심이 되어야 한다. 그러기 위해서는 먼저 배려가 필요하다. 그리고 상대방에 대한 배려는 프레젠테이션뿐만 아니라 일상생활에서도 중요하다.

운전을 할 때 가장 배려해야 할 대상은 바로 보행자이다. 당연히 보행자의 안전을 가장 먼저 중시해야 한다. 보행자의 안전이 곧 운전자의 안전이기 때문이다. 그리고 운전자들 중에서 가장 배려해야 할 사람은 바로 초보 운전자이다. 초보 운전은 양해를 부탁하면서 차 뒤에 '초보 운전'이라는 스티커를 붙인다. 그런데 예전에 비해 붙이는 사람을 보기 힘들다. 초보 운전 스티커를 붙이면 사람들이 나를 무시하기 때문일 것이다. 그래도 배려하는 사람들은 붙인다. '답답하시죠? 나도 환장하겠습니다.' 등의 문구를 말이다. '미안하다', '앞차를 잘못 만난 뒤차에게', '겁주면 후진한다' 등 비장한 문구도 볼 수 있다. '틀렸다. 네가 먼저 가라.' 이건 배려에 대한 부탁이다. '지금 나를 배려해 주면 나중에 상대방을 배려할 것이다.'라는 의미를 품고 있다.

프레젠테이션도 마찬가지다. 청중에 대한 배려가 필요하다. 청중이 이해하기 쉬운 문구로 청중의 입장에서 생각하고 프레젠테이션의 능력을 과시하기보다는 청중의 어려움과 문제를 속시원하게 해결해 줄 수 있어야 한다.

모든 문제는 해결 가능하며 그 문제의 해결 방법은 바로 사람 안에 있다. 그렇기 때문에 사랑과 배려 그리고 소통이 필요하다. 상대방과 생각의 차이 또는 오해는 일어날 수 있다. 상대방은 전혀 그 뜻이 아니었는데 나 혼자 씩씩거리고 화냈던 적이 있었다. 그러나 나중에 얘기해 보면 상대방은 정말 아니라고 미안해하는데, 나는 혼자 화내며 감정적으로 손해 본 것 같은 느낌을 가진 적도 있다. 그 이후로 약간 생각의 차이나 오해가 생기려고 하면 반문해 본다. '내가 잘못 알고 있는 것은 아닐까?'하고 말이다. 그리고 상대방에게 확인 질문을 한다. 그러면 의외로 상대방이 다른 의도를 가지고 이야기했음을 알게 되는 경우도 많았다. 사람들과의 오해는 늘 발생한다. 그리고 사람마다 생각이 다를 수도 있다. 그러나 모든 문제는 상대방과 대화를 통해서 해결 가능하다.

　이를 위해서는 상대방의 입장에서 생각하는 배려 그리고 소통이 가장 중요하다. 그렇게 사람과 사람 사이의 문제를 해결할 수 있는 능력이 소통이다. 사람과 사람 사이의 문제 해결 능력은 곧 모든 문제를 해결할 수 있는 중요한 가치이다. 많은 경험을 통해 생각하고 고민해야 한다. 그러기 위해서는 바로 나에 대한 믿음과 신뢰가 중요하다.

　박 대리는 학창 시절 거절감, 두려움, 열등감을 많이 겪어 왔다. 내 능력과 장점이 눈에 들어오지 않았다. 그렇게 부정적인 생각 속에만 매몰되어 있어 상대방의 이야기에 귀 기울이지 않고, 분명 속에는 다른 판단과 생각이 있을 것이라는 의심을 하게 되었다. 그러다 보니 상대방이 나보다 훨씬 크게 느껴졌고 나 스스로를 과소평가하게 되었다. 그리고 상대방은 내 출신과 배경, 능력, 재산만 바라볼 것이라고 판단하여 가장 중요한 것을 놓치며 살았다. 바로 자신에 대한 믿음과 신뢰 말이다.

　하지만 박 대리는 지금 '나는 내가 생각하는 것보다 훨씬 크고 괜찮다.'라고 생각한다. 그리고 '보이지 않는 내 능력과 장점을 인정하고 있다.' 그렇게 긍정적인 생각으로 자존감을 극복하고 상대방에게 긍정적인 영향을 미치며 친밀감을 쌓아가고 있다. 상대방에게 먼저 다가가고 친밀감을 쌓을 수 있는 능력은 곧 자신에 대한 믿음과 신뢰, 나아가 상대방에 대한 믿음과 신뢰이다. 우리는 상대방을 바로 보는 능력을 쌓아야 한다. 그리고 그 능력이 바로 믿음과 신뢰이다. 그 능력은 소통과 협업을 통해 서로 간에 벽을 허물고 창조적인 의사소통을 이어갈 수 있을 때 생긴다. 그로 인해 우리는 진정한 의사소통이 가능해진다.

내가 생각하는 괜찮은 사람은 작은 일을 잘 해내는 사람이며, 평범함 속에서 특별함을 발견하는 사람이다. 일을 사랑하고 성취해 가며 사는 사람은 행복하다. 작고 단순한 일이라도 관계없다. 그는 가치를 창조하는 사람이다.

훈련이란 본능을 극복하는 행위이다. 편하게, 쉽게 살려는 저 밑바닥의 본능을 누르고 자신을 통제하고 훈련하는 사람만이 인생의 행복과 성공을 거머쥘 수 있다. 이 세상에 공짜는 없다. 철학자 니체의 말처럼 '자신에게 명령하지 못하는 사람은 남의 명령을 들을 수밖에 없다.'

가장 힘든 일은 지금 당장 결과가 보이지 않고 희미하지만 그럼에도 불구하고 게으름을 피우지 않고 끈기 있게 노력하는 것이다.

Part 3

발표에 대한 오해와 진실

제1절

청중의 신뢰를 얻는 기술

두 사람이 같은 주장을 하고 있어도 특정한 사람의 말이 더 신뢰가 간다. 왜 그럴까? 어떤 사람은 청중의 신뢰를 얻지만 반대로 신뢰를 얻지 못하는 사람도 있다.

청중의 신뢰를 얻기 위해서는 다음의 4가지 요건이 필요하다.

첫째, 탄탄한 근거를 제시해야 한다.

근거 없는 주장은 No! 설(說)만 푸는 결과만 나타낸다. 누구나 한 번쯤은 가족이나 주변에 나이 드신 어르신들로부터 "나이 들면 빨리 죽어야지 오래 살아서 뭐해!" 하는 말을 들어본 적이 있을 것이다. 이것은 진실일까, 아니면 거짓일까? 정말 죽고 싶어서 말하는 걸까, 아니면 그냥 말해 본 걸까?

박 대리는 어렸을 때 할머니 손에서 자랐다. 그러다 보니 할머니에 대한 사랑과 애착이 남달랐다. 그러던 어느 날 할머니는 10살도 안 된 어린 손주 앞에서 "오래 살아서 뭐해 빨리 죽어야지!"라는 말씀을 하셨다. 그 당시 박 대리는 정말 하늘이 무너지는 듯했다. 정말 할머니가 죽으면 어떡하지?

불안한 박 대리는 걱정스러운 눈빛으로 할머니에게 물었다.

"할머니 그럼 언제 죽을 건데?"

그러자 할머니는 당황한 듯한 표정을 짓더니 곧장 "한 2년!"이라고 대답하셨다. 아무래도 손주 앞에서 거짓말이라고 말하기는 싫으셨던 거 같다. 그리고 1년이라는 시간이 흐른 후 할머니 생신날이었다. 박 대리는 할머니에게 생신 축하드린다는 말에 앞서 이렇게 말했다.

"할머니 이제 죽으려면 1년 남았네."

그러자 할머니는 매우 당황한 기색을 보이셨다. 그러면서 박 대리에게 이렇게 말씀하셨다.

"이 녀석아 내가 왜 죽냐. 너 장가가는 것도 보고 혜진(박 대리의 누이)이 선생되는 것도 봐야지"(그때 당시 박 대리 누나의 꿈은 학교 선생님이었다.)

여러분은 이 얘기를 들으면서 무슨 생각이 드는가? 맞다. 바로 나이 드신 어르신들이 하시는 "나이 들면 빨리 죽어야지 오래 살아서 뭐해."라는 말은 거짓말이다. 이처럼 어떤 주장을 내세울 때 이를 뒷받침해 줄 사실이나 근거를 제시해야 한다. 그래야만 청중은 그 주장에 신

뢰를 갖는다. 사실이나 근거를 제시하지 않고 무조건 주장만 얘기한다
면 그 누구도 상대방의 주장을 신뢰하거나 들으려고 하지 않을 것이다.

둘째, 구체적 표현을 사용한다.

실제로 박 대리는 회사에서 남들보다 승진이 빠른 편이었다. 이유는
바로 프레젠테이션 역량 때문이지 않았나 싶다. 직장 내에서 상사나 동
료 또는 이해 관계자들에게 프레젠테이션이나 설득을 통해 자신의 생각
을 전달하고 이해시킬 수 있었던 점이 가장 큰 작용을 한 것 같다.

예를 들어 어느 날 부장님이 질문을 하신다.

> "박 대리 진행하는 ○○○프로젝트 어떻게 되고 있지?"
> 사례 1) "네. 지금 ○○○프로젝트는 착공 단계인데. "
> 사례 2) "네, 지금 ○○○프로젝트는 00월 00일에 착공했으며,
> 25% 이상 공정이 순조롭게 진행되고 있습니다."

부장님의 갑작스러운 질문을 받으면 누구나 당황스럽거나 난처해
할 것이다. 왜냐하면 아직 머릿속에서 그 질문에 대한 답변이 정리되거
나 준비되지 않았기 때문이다.

사례 1)의 경우 갑작스러운 질문에 당황해서 바로 다이어리를 찾아
보거나 한참 있다 생각해 낸 후에 부장님께 말씀드릴 수밖에 없을 것이
다. 누구나 상사의 갑작스러운 질문에 아직 정리되지 않은 머릿속은 혼
돈과 혼란에 빠져 논리적 전개가 어려울 것이다.

하지만 박 대리는 사례 2)처럼 구체적 표현과 수치를 사용해서 뭔가 있어 보이듯이 답변했다. 일자와 공정률은 정확한 수치는 아니지만 박 대리는 대략적인 수치로 들이밀었다. 하지만 부장님의 반응은 달랐다. 만족할 만한 답변을 들었다는 것처럼 고개를 끄덕이시면서 가셨다. 사례 1)의 답변과 비교하면 좀 더 구체적인 표현을 활용했다. 아마도 부장님은 답변을 듣고 박 대리가 일을 잘하고 있구나 라는 생각을 하셨을 것이다

하지만 사례 1)의 경우는 반대일 것이다. '프로젝트 시작한 지가 언제인데 아직도 제대로 업무 파악을 못하고 있지.'라고 생각할 것이다. 이처럼 구체적으로 수치나, 날짜 등을 활용해 상대에게 더 큰 신뢰를 줄 수 있다.

> 사례 1) 우리나라는 근무시간이 아주 깁니다.
> 사례 2) 우리나라는 근무시간이 주당 평균 44.5시간으로 OECD
> 국가 중 두 번째로 많습니다!

이처럼 청중의 신뢰를 얻기 위해서는 구체적인 표현을 사용해야 한다.

셋째, 전문성을 부각시킨다.

박 대리는 언젠가 CEO를 대상으로 스피치 특강을 한 적이 있다. 이 때 수강생이셨던 중소기업의 대표님을 알게 되었다. 어느 날 대표님은

박 대리에게 다가와 자신은 중학교만 나와서 금형 공장을 차리고 쇠만 깎았는데, 어느 날 보니 자신의 회사가 직원 수가 100명이 넘어갈 정도로 어엿한 중소기업이 되었다는 것이다. 그런데 고민이 회의나 직원들 앞에서 뭔가 자신의 경영철학이나 회사의 비전 등을 제시하고 전달해야 하는데 자신은 중학교밖에 나오지 못해서 할 수가 없더라는 것이었다. 박 대리는 대표님께 "전문성은 학력이나 학벌만 의미하는 것이 아닙니다."라고 말씀드렸다.

많은 사람들이 전문성이 곧 학력과 학벌이라고 오해하고 있다. 그래서 부족한 학력과 학벌을 만회하기 위해 노력한다. 물론 학력과 학벌이 중요하지 않다는 것은 아니다. 하지만 그것이 전문성을 대신해주는 것은 아니다. 전문성이란 그 사람의 경험과 경력이다. 그렇기 때문에 박 대리는 그 대표님께 "비록 중학교만 졸업하셨더라도 현장에서 갈고 닦은 경험과 경력, 기술들이 바로 대표님의 전문성을 의미합니다."라고 말씀드렸다.

《설득의 심리학》의 저자 로버트 치알디니(Robert B. Cialdini)는 청중은 전문가의 전문성을 신뢰한다며 다음과 같은 예를 들었다.

한 의사가 귀에 염증이 있는 환자의 오른쪽 귀에 투약할 것을 지시했다. 그는 처방전에 'Place in R ear(오른 쪽 귀에 투약하시오)'라고 적어 간호사에게 주었다. 당직 간호사는 그것을 'Place in Rear(항문에 투약하시오)'라고 읽고 귀에 넣어야 할 약을 항문에 넣었다. 귀에 염증이 있는 환자에게 항문에 투약하는 것은 아무리 생각해도 이해가 가지 않는 일이지만 환자나 간호사 어느 누구도 이 처방전에 이의를 달지 않았다.

넷째, 자신감을 드러낸다.

탄탄한 근거, 구체적 표현, 전문성 등 이 3가지가 청중의 신뢰를 얻는 핵심이다. 하지만 가장 중요한 한 가지가 더 있다. 바로 자신감이다. 탄탄한 근거, 구체적 표현, 전문성은 모두 자신감에 근거해야 한다. 자신감은 경험에서 비롯된다. 그리고 그 경험은 자신감을 만들어준다. 경험은 연습과 훈련을 통해 생겨난다. 살다 보면 부끄러워서 자신의 생각을 이야기하지 못하겠다는 사람들을 많이 만나게 된다. 자신의 감정과 생각 그리고 느낌을 자신 있게 표현하는 데 서툴다. 그래서 더욱 연습이 필요하다. 나의 주관적인 견해나 느낌을 이야기하는 연습을 하다 보면 어느새 표현력이 향상되고 자신감도 더 늘어난다.

자존감이 높은 사람은 목표에 이를 수 있다고 자신의 능력을 믿으며, 자신을 신뢰한다. 그들은 더 열심히 노력하고, 더 많이 손을 들어서 질문하며, 기꺼이 많은 시행착오를 감내한다. 또한 목표에 이를 수 있다고 강하게 믿는다. 그리고 자신감은 자신에 대한 확고한 믿음을 기반으로 온 힘을 다해 어떤 일을 할 수 있다고 믿는다. 그리고 실제로 성취할 가능성이 높다. 그래서 자신감은 우주에서 가장 강력한 힘이라고 말할 수 있다.

제2절
하고 싶은 일과 하기 싫은 일

르네상스 시대 거장 미켈란젤로 부오나르티는 세계적인 거장답게 화려한 삶을 살았을 것이라 상상하지만 실제 그의 삶은 고난의 연속이었다. 미켈란젤로 시대의 화가들은 귀족들의 후원을 받아야 했다. 눈썰미 있는 귀족은 전도유망한 화가들의 그림을 싼값에 사두었다가 나중에 비싼 값에 팔았다. 미켈란젤로는 부호인 메디치 가문의 후원을 받고 있었는데, 사실 미켈란젤로가 하고 싶은 것은 그림이 아닌 조각이었다. 그러나 메디치 가문 밑에서는 본인이 그리고 싶은 그림과 조각을 하는 게 아니라 그들이 원하고 주문하는 것을 그려야 했다.

미켈란젤로가 어느 정도 유명해졌을 때, 교황 율리우스 2세가 미켈란젤로를 교황청으로 불러 임무를 주었다. 새로이 완공된 바티칸 시스티나 경당 천장에 그림을 그려 달라는 것이었다. 그곳은 교황 선출

바티칸 시스티나 경당 천장화 (1508~1512년 미켈란젤로 작)

이 이루어지는 아주 신성하고 중요한 곳이었다. 아파트 8층 정도인 높이 20m, 너비 약 40m나 되는 천장에 그림을 그리는 작업이다. 그것도 벽이 아니라 천장이니 누워서 그림을 그려야 했다. 그는 정중히 사양했다. 그러나 당시 교황은 절대 권력의 자리에 있었기에 교황의 요청을 거절하려면 합당한 이유가 있어야 했다. 미켈란젤로는 교황 본인이 안장될 영묘를 만드는 조각 작업을 진행하는 중이어서 다른 일에 신경쓸 겨를이 없다는 이유를 댔다. 그러나 교황은 그럼에도 그에게 그림을 그릴 것을 요청했다.

결국 미켈란젤로는 온 종일 누워서 그림을 그렸으며, 그림을 그릴 때 물감이 눈에 떨어져 실명의 위기까지 갔었다. 지금으로 말하면 목 디스크도 생겼다.

어쩌면 프레젠테이션은 하고 싶은 일이라기보다 하기 싫은 일 쪽에 가까울 것이다. 아니 피하고 싶은 일일 것이다. 살다보면 하고 싶은 일보다 하기 싫은 일이나 피하고 싶은 일, 잘하는 일보다는 잘할 수 없는 일을 해야 할 때가 많다. 대부분의 사람들은 내가 하고 싶은 일만 하면 행복할 거라고 이야기하며, 하기 싫은 일, 때로는 능력도 안 되는 일에는 힘을 쏟지 않는다. 내가 잘하는 일만 하면 뭐든 할 수 있을 것만 같지만 세상은 그렇게 녹록치 않다.

때로는 하기 싫은 일, 이해할 수 없는 일을 해야 할 때도 있다. 노력하는 사람들은 이런 상황을 기꺼이 받아들인다. 만일 미켈란젤로가 교황과 싸우고 결사 항전했다면 작품이 오래 남았겠는가? 결과적으로 남는 건 그가 남긴 작품이다. 미켈란젤로의 천장화를 누가 그리도록 명했는지는 사람들이 모르지만, 누가 그렸는지는 다 안다.

지금 당장 프레젠테이션은 두렵고 하기 싫은 일이다. 그리고 어쩌면 불가능한 도전이라고 생각될 것이다. 그래서 프레젠테이션 기회를 잡기 위해 노력하지 않거나 정작 기회가 오더라도 가능하면 회피하려고 한다. 하지만 용기 내어 그 도전을 받아들이고 성공적으로 완수한다면 프레젠테이션은 이제 하기 싫은 일이 아니라 하고 싶은 일, 남과 나를 차별화하는 나만의 무기가 될 것이다.

프레젠테이션은 시간을 정해 놓고 배워서는 실력이 늘지 않는다. 삶 자체에 프레젠테이션이 깊숙이 배어 있어야 한다. 이성을 만날 때도, 친구를 만날 때도, 자녀와 이야기할 때도, 상사와 이야기할 때도, 그리고 여러 사람 앞에서 말할 때도 모두 프레젠테이션과 연관 짓고, 생각하고, 행동한다면 프레젠테이션은 삶 자체에 자연스럽게 녹아들어 간다. 그렇게 삶과 함께하는 프레젠테이션은 더욱 깊이를 지니게 된다. 프레젠테이션은 특정 대상에 대해 자기 과시나 행사성으로 하는 게 아니다. 프레젠테이션은 삶 곳곳에서 적용되어야 하며, 늘 우리 곁에 있어야 한다.

프레젠테이션을 할 때 우리가 긴장하는 이유는 상대의 눈에 비쳐지는 나를 의식하기 때문이다. 우리가 진심으로 메시지에 집중하고 이를 잘 전달하는 것에만 에너지를 모은다면 남의 눈을 의식하며 생겨났던 과도한 긴장감은 자연스럽게 사라질 것이다.

프레젠테이션을 하면서 혼자 끙끙대면서 뭔가 확실한 대답을 찾으려 했던 것 자체가 욕심이었을지 모른다. 고민하고 끊임없이 그 고민의 답을 찾아나가는 과정 자체가 프레젠테이션의 원동력이라는 생각이 든다. 그리고 이 모든 것이 삶에 녹아들어야 하며, 지속적으로 반복되어야 성장할 수 있다.

제3절

배움은 계속되어야 한다

어느 날 박 대리의 고 3 수험생인 조카가 모의고사를 잘 못봤다며 굉장히 힘들어하고 실망하는 것을 보았다. 박 대리는 조카에게 "모의고사는 잘 보는 게 중요한 게 아니라, 이 시험에서 내가 부족한 것이 무엇인지를 깨달아야 하는 거야."라고 말해 주었다. 내 부족함을 발견하고 그것을 채우려고 노력하는 것은 무엇보다 중요하다.

학생들에게 발표 연습을 시키면 발표를 잘 못했다며 굉장히 고통스러워한다. 그럴 때마다 "발표 연습을 왜 하는지 아세요?"라고 물어본다. 발표 연습은 그것은 내가 부족한 게 무엇인지를 보기 위한 것이지 잘하는 것은 뽐내려고 하는 게 아니다. 그렇게 부족함을 발견하고 채워 나가다 보면 어느 순간 나는 잘하고 있음을 느끼게 된다.

살아가면서 무엇을 배우느냐에 따라 그 다음 삶의 진로를 선택하게 된다. 아무런 배움도 없다면 이어지는 삶 역시 똑같을 수밖에 없다. 똑같은 한계, 극복해야 할 똑같은 짐들로 고통받는 반복적인 삶보다는 배우고, 발견하고, 자유로워지는 삶이어야 한다. 내 앞에 서 있는 장벽은 가로막기 위함이 아니라 우리가 얼마나 간절히 원하는지 보여줄 기회를 주기 위해 거기 서 있는 것이라 생각하자.

주변에서 박 대리에게 프레젠테이션을 잘하려면 얼마나 해야 하냐고 묻는다. 그러면 박 대리는 이렇게 대답한다. 사람들 앞에 서게 되는 일이 설렐 때까지 해야 한다고. 발표할 파워포인트 원고를 만들어 이걸 빨리 사람들 앞에서 발표하고 싶은 설렘과 기대감이 들 때까지이다. 빨리 보여주고 싶고, 알려주고 싶다. 그리고 그걸 기다릴 때마다 흥분된다. 이 정도는 되어야 한다.

아마추어 프레젠터들이 가장 자주 하는 실수가 자신이 '만만한 존재'가 아니라는 것을 상대방에게 억지로 인식시키려고 한다는 것이다. 이를 위해 그들은 자신을 꾸민다. 쓸데없이 자기 자랑을 하거나 그럴듯한 과장을 하기도 한다. 이렇게 되면 상대방과 계속 힘겨루기를 할 가능성이 높고, 무엇보다 서로가 서로에게 호감을 느끼는 관계로 발전할 가능성이 낮다. 상대방이 나를 좋아하게 만드는 방법은 자기 자신이 자신의 감정에 충실하게 생각하고 행동하는 것을 보여주는 것이다. 내가 '나 자신'이 되면 상대방은 편안한 마음을 갖게 되고, 그런 나를 더 좋아하게 된다. 그러면 상대방이 원하는 포인트를 찾게 될 것이다.

프레젠테이션으로부터 자유로울 수 있는 사람은 없다. 굳이 프레젠테이션이 아니더라도 사람들 앞에 나서는 것이 일상이 되었다. 프레젠테이션은 사람들을 이끄는 리더십의 기본이며, 동시에 조직 내에서 효과적인 커뮤니케이션 목적을 달성하고 협업을 유인하는 매우 중요한 매체이다. 프레젠테이션 능력을 발휘하여 부서 간, 팀원 간, 상사 또는 부하 직원과 원활한 커뮤니케이션을 할 수 있다면 상사와 또는 직원들 간의 자유로운 의사소통이 가능해지며 그 자신도 직장에서 인정받고 성장할 수 있는 토대와 발판을 마련하게 된다.

필자는 여러 사람들에게 다양한 비즈니스 스킬을 교육하면서 가장 중요한 것은 커뮤니케이션인데, 그중에서도 프레젠테이션이라고 한다. 프레젠테이션은 사회생활을 하는 모든 이들에게 매우 중요하며, 특히 여러 사람 앞에 나서야 하는 경우 더욱 그러하다. 사람들은 대개 프레젠테이션의 단적인 면만 보고 스킬을 강조하는데, 무엇보다 중요한 것은 내면의 자신감이다.

예를 들어 자신에 대한 확신이 없다면 기복이 심한 프레젠터가 될 수밖에 없다. 프레젠테이션은 잘될 때도 있고 안 될 때도 있다. 물론 안 될 때가 더 많다. 이렇게 기복이 심하면 실수를 한 후에 허탈해지면서 자신감이 떨어진다. 자신의 내면에 굳건한 자신감이 없이 수박 겉 핥기식으로 프레젠테이션의 단적인 스킬만 연마한 사람일수록 기복이 심하다.

프레젠테이션을 잘하려면 어떤 환경과 대중을 만나더라도 평정심을 잃지 않는 확고한 자신감이 필요하다. 자신감이 없으면 그날 그날의 상황과 청중에 따라 프레젠테이션은 기복이 있게 되고, 그에 따라 자신감이 널을 뛴다. 그런 간극을 경험하면 허탈감과 좌절감에 빠져 프레젠테이션에 대한 불안이 다시 찾아 올 수 있다.

제4절

경험에서 배우려는 자세

박 대리는 예전에 프레젠테이션뿐 아니라 여러 사람들 앞에서 이야기하는 자신의 모습이 어색하고 부끄러웠던 적이 많았었다. 그러나 경험을 쌓으면서 남들 앞에서 말하는 자신의 모습에 꽤 익숙해졌다. 자신의 장점을 생각하게 되고, '아, 나도 생각보다 괜찮은 사람이구나.'라는 생각에 자신감을 많이 키우게 되었다.

처음 자전거를 배웠을 때를 기억해자. 누구나 처음 자전거에 올라타면 두려움과 공포를 느낄 것이다. '넘어지면 어떡하지?', '부딪치거나 다치면 어떡하지?'하는 두려움이 밀려온다. 그런데 처음 몇 번 넘어지면서 다시 일어서기를 반복하다 보면 그런 두려움은 없어진다. 넘어지면 금방 다시 일어나는 것은 일도 아니었다. 그러다 보니 점점 넘어지는 횟수는 줄어들고 오히려 겁이 줄어들어 속도를 더 낼 수도 있고, 나중에는 한 손으로 탈 수도 있다. 넘어지지 않으려 노력하기보다 넘어졌을 때 어떻게 다시 일어서는지가 중요하다. 그리고 그 과정이 경험을 통해 의식화되어 있다면 '아! 다시 일어서면 되는구나.'라고 생각하면서 또다시 도전할 수 있는 용기와 자신감을 얻을 수 있다. 그것은 넘어져도 다시 일어섰던 경험이 나에 대한 믿음으로 바뀌면서 생긴 자신감이다. 그러나 사람들은 넘어지지 않을 것이라고 한다. 아니 넘어지지 않으려고만 한다. 그러나 반대로 넘어졌을 때 일어날 수 있다고 믿는 것이 진정한 자신감이다.

자신감은 성공해 본 경험에서 생겨난다. 어떠한 일을 시작할 때 사람들은 성공해 본 경험이 없기 때문에 자신감을 갖지 못한다. 이것은 자전거를 타거나, 대중 앞에서 연설을 하거나, 수영 방법을 배울 때나 모두 마찬가지다. 자신감이란 하다보면 언젠가는 생기는 종류의 것이 아니다. 내 손으로 직접 쌓아 올린 경험을 통해서만 비로소 자신감을 가질 수 있다. 열심히 노력했다면 반드시 자신감이 생긴다. 별다른 노력도, 경험도 없다면 자신감이 없는 것은 지극히 당연한 일이다.

어딘가에서 무엇을 하든 '나'를 빛나게 할 줄 알아야 한다. 그리고 정말 사랑스럽고 소중한 존재라는 것을 잊지 말아야 한다. 누군가를 좋아하고 사랑한다면 상대방이 아닌 나를 먼저 사랑하라. 그러면 상대방도 나를 사랑하게 된다. 나를 존중하고 사랑할 때 상대방을 존중하고 사랑할 수 있다. 완전한 '나'는 없다. 나를 사랑할 줄 아는 사람이 상대방의 부족함도 사랑할 수 있다.

뭔가를 이루고자 하는 사람이라면 동기가 있어야 한다. 동기는 좋은 상황과 결과를 상상하고 이를 이루기 위해 스스로 노력하는 것이다. 그리고 그것을 성취했을 때 자신 스스로가 행복감을 느낀다. 하지만 실패하면 슬픔을 느낀다. 반면에 동기가 없다면 나쁜 상황과 결과를 상상하고, 단지 이를 피하기 위해 노력하게 된다. 그 상황을 피해 가면 안도감을 느끼게 되지만, 그 과정에서 심한 불안감도 느낀다.

제5절

실패도 경험이다

프레젠테이션을 잘하는 사람과 못하는 사람의 특징의 한 가지를 꼽으라고 하면 박 대리는 주저 없이 커뮤니케이션이라고 말한다. 커뮤니케이션은 영어로는 'communication'이며, 어원은 라틴어의 'Communicare'에서 유래되었다. 원래 '나누다'를 의미한다고 한다. 따라서 프레젠테이션 목적을 달성하려면 청중과 커뮤니케이션이 중요하다고 할 수 있다. 그리고 커뮤니케이션을 잘하기 위해서는 경험이 중요하다.

박 대리는 프레젠테이션을 어떻게 하면 쉽고 빠르게 배울 수 있냐는 질문을 종종 받는다. 그럴 때면 "프레젠테이션에는 지름길이 없다."라고 대답한다. 프레젠테이션은 오직 자신의 경험과 체험을 통해서만 얻을 수 있는 지식이다. 실패도 경험이다. 실패를 통해서 경험을 얻게 되고, 그 경험들이 하나하나 쌓였을 때 우리는 자신감을 얻고 사람들 앞에서 자연스럽게 나의 의견을 설득력 있게 주장하고 이해시킨다. 그리고 성취감을 느낀다. 그렇게 성취감이 쌓이면 자존감이 높아지면서 자신에 대한 확고한 신념이 생기고 무엇이든 해낼 수 있다는 자신감도 생긴다.

실수 한번 했다고 불행해 할 필요는 없다. 우리가 불행해지는 것은 자기 약점을 깨달을 수 있도록 충분히 깨어있지 못했거나, 노력이 부족해서 실수를 저질렀을 때이다. 꾸준하게 나의 장점을 자주 떠올리며 단점들을 장점에 연관시킬 수 있는 마인드를 가져야 한다. 그러한 연습을 통해서 쌓은 경험이 자신감을 갖게 한다.

세상에서 가장 쉬운 것은 포기다. 보이지도 않는 두려움과 수치심 때문에 우리는 백기를 든다. 그러면 지금 당장은 심신이 편할 수 있다. 하지만 곧 미래에 대한 불안으로 돌아온다. 눈에 보이지도 않는 두려움으로 인해 자신을 방치한 채 아무것도 하지 않는 것은 정말 어리석은 일이다. 진정으로 두려운 것이 무엇인지 스스로에게 물어보라. 그리고 실패하는 유일한 길은 노력하지 않는 것임을 깨달아라. 잃을 것은 시도할 때의 두려움뿐이다. 도전한 이후라야 모든 것을 얻을 기회도 따라온다.

프레젠테이션의 성공 여부는 환경이나 능력의 문제가 아닌 용기의 문제이다. 우리는 과연 '나' 자신을 얼마나 잘 알고 있고 사랑하고 있을까? 자신감은 정확하게 자신을 바라보는 관점의 문제이다. 나를 얼마나 사랑하고 믿느냐가 중요하다. 그래야만 실패도 용납할 수 있다. 자신을 사랑할 수 있는 여유와 편안함을 얼마나 가지고 있느냐에 따라 내면의 자신감이 생긴다. 그러기 위해 자신의 분야에 대해 끊임없이 공부하고 고민해야 한다. 그렇지 않으면 내면의 자신감이 생겨나지 않는다. 지성과 이성의 힘을 갈고닦아서 타인의 의견이나 주장에 실린 의도를 정확하게 읽을 수 있어야 한다. 삶에는 뚜렷한 원칙이 서 있어야 한다. 설령 약간의 불이익이 따르더라도 이런 원칙을 어떤 상황에서도 양보하지 않고 우직하게 지켜내는 것이 자신을 보호하는 길이자 올바른 삶의 길이기도 하다.

이런 자신감을 얻기 위해서는 지금의 나를 그대로 받아들이고 인생에 놓인 문제를 직시할 '용기'가 필요하다. 성공도 실패도 모두 '용기'의 문제이지 환경이나 능력의 문제는 아니다. 그리고 자신감도 마찬가지로 환경과 능력의 문제가 아니다. 바로 '용기'의 문제이다. 실패할 용기도 있어야 한다. 그런 용기가 생겼을 때 우리의 자신감은 훨씬 더 성장할 수 있다.

제6절
근거와 이유를 제시하자

근거 없는 주장은 신뢰감을 떨어뜨린다. 프레젠테이션은 논리학과 비슷하다. 그중에서도 논증이 구성되는 '대전제-소전제-결론'이라는 순서가 우리가 생각하는 순서와는 반대로 구성되어 있다. 우리는 자신의 생각을 상대에게 증명해야 한다. 그래야 나의 생각에 의문을 제기하는 상대방을 설득할 수 있다. 이때 논증을 떠받치는 이유와 근거가 탄탄해야 한다.

논증은 실제로 집짓는 일과 비슷하다. 근거라는 '튼튼한 기초 위에' 이유를 '세우고' 이를 '기둥' 삼아 주장을 올려놓는다. 이렇게 논증은 비판하는 상대방이 '흔들더라도 끄떡없을 만큼 기초가 튼튼해야' 한다. 특히 청중을 설득시키기 위해서는 자신의 이야기를 그대로 받아들여 주기를 바라면서 노골적으로 자기 주장을 내세우는 것은 자칫 비판적이고 무례하게 보일 수 있다. 어떠한 주장이든 하나 이상의 이유를 이야기하고 그것을 뒷받침해 주는 어휘를 사람들은 기대한다.

이성이란 말은 영어의 'Reason'을 번역한 말이다. '이유'나 '근거'를 뜻하기도 한다. 다시 말해 '이성'이란 '이유'나 '근거'를 댈 수 있는 인간의 능력을 의미한다고 말할 수 있다. 다시 말해 '소크라테스는 죽는다.'라는 주장에 대해 '모든 사람은 죽는다.'와 '소크라테스는 사람이다.'와 같은 근거를 찾아낼 수 있는 것이 바로 이성의 힘인데, 이것이 바로 논리이다.

> 소크라테스는 죽는다 : 주장
>
> 모든 사람은 죽는다 : 근거
>
> 소크라테스는 사람이다 : 이유

어떤 주제든 주장은 핵심이며 생명이다. 프레젠터의 어떤 주제에 대한 주장은 생각의 발산이다. 청중과 소통하기 위한 주장에 대한 이유와 근거는 청중을 납득시키고 설득하기 위한 기술이다. 이유와 근거가 탄탄해야 청중들이 프레젠터의 주장에 동의하고 공감하기 때문이다. 만약 상대방이 나의 주장을 듣자마자 그것을 즉각 수용한다면 나는 근거를 찾아서 제시할 필요조차 없다. 그러나 상대방은 쉽게 주장을 수용하지 않는다. 오히려 나의 주장에 반대하려고 할 수도 있다. 그렇게 되면 양측의 주장이 맞서게 될 것이고 이때 누구의 근거와 이유가 더 탄탄하냐에 따라 이성의 능력을 인정받게 되고 상대방으로부터 동의와 공감을 얻을 수 있게 된다.

제7절

전문성을 부각시키자

《설득의 심리학》의 저자 로버트 치알디니는 청중은 권위 앞에 복종하려는 심리를 가지고 있다고 하였다. 그러므로 청중에게 권위와 전문성을 어필해야 신뢰를 얻을 수 있다. 누구나 자신보다 뛰어난 전문성을 지닌 전문가에게 배우고 싶은 욕망을 가지고 있다. 나보다 못한 사람에게 배우는 것은 누구도 원치 않을 것이다. 그런 청중의 심리를 잘 이용하는 것이 중요하다. 그러면 반대로 전문성이 없는 사람은 청중 앞에 설 수 없다는 것인가?

그렇다면 전문성이란 과연 무엇일까.

전문성은 두 가지로 나눌 수 있다.

첫째는 학력이다. 그 분야에 석사나 박사 학위를 가지고 있으면 지적인 전문성을 인정한다.

둘째는 학력은 없지만 현장에서 쌓은 경험과 노하우다. 보통 중소기업 CEO들은 자수성가한 스타일이 많다. 어렸을 때부터 학력과 멀지만 현장에서 기계를 만지며 몸소 지식을 쌓았기 때문에 오히려 학력보다 더 많은 경험과 노하우를 가질 수 있다.

관련 분야의 높은 지식과 학력이 있으면 그것을 내세우면 되고, 반대로 현장 경험과 노하우가 많으면 그것을 내세우면 될 것이다. 전문가는 전문 학위를 취득하거나 학력이 높은 사람만이 아니다. 현장에서 몸소 겪은 경험이나 노하우를 가진 사람도 존경받을 만한 전문가이기 때문이다. 다시 말하자면 청중은 권위와 전문성에 약하다. 또한 전문가에게 배우고 싶은 욕망을 지니고 있다. 전문가는 지식과 학위가 높아야만 얻어지는 것이 아니다. 현장의 경험과 노하우로도 충분히 전문가로 인정받을 수 있으며, 청중은 그런 프레젠터에게 귀를 열 마음의 준비가 되어 있다.

설득력을 높이는 일은 논리적으로 설득적일 뿐만 아니라 감성적으로 신뢰를 확보하는 것이다. 일반적으로 사람들은 100% 논리적으로 의사 결정을 한다고 생각하지만, 사실 그렇지 않다. 청중들은 알면서도 비이성적인 결정을 하는 경우가 있다. 청중의 의사 결정에는 이성과 감성이 혼재되어 있다.

청중은 무엇보다도 자신의 이익을 가장 중요하게 여긴다. 무엇인가를 선택했을 때 청중이 갖게 되는 효용성을 따지는 것이다. 이것을 효용 가치(benefit)라고 한다. 고객은 자신이 지불하는 비용 대비 얻게 되는 효용이 더 크다고 생각했을 때 의사를 결정한다. 즉 고객이 채택했을 때 갖게 되는 가치가 효용 가치이다. 예를 들어 몇 개의 그룹으로 나누어 제품을 팔게 하였을 때 판매자와 구매자의 입장 차이는 각각 다 다르다. 그리고 구매를 결정했을 때 지불하는 금액도 천차만별이다. 하지만 이때 구매자의 만족도는 비슷하지만 구매 금액에는 차이가 있는 경우를 볼 수 있다.

다시 말하면 효용 가치는 구매자의 주관적인 만족도이다. '나니까 이 정도로 샀다.'라고 착각을 불러일으킬 수 있는 효용의 가치를 넣어준다. 그러면 구매자는 그 효용 가치에 맞는 합당한 금액을 지불할 것이다. 제품의 금액을 결정하기에 앞서 고객이 그 제품을 가졌을 때 갖게 되는 효용 가치에 더 집중한다면 금액은 쉽게 결정될 수 있다. 금액은 인지적이다. 가치는 감성적이다. 얼마만큼 구매자의 효용적 가치를 키워주느냐에 따라 판매자의 가치는 달라진다. 이를 위해 논리적 설득뿐만이 아니라 감정적인 신뢰를 확보하는 것도 중요하다.

제8절
시간을 버는 방법

상대방이 질문했을 때 답변을 바로 하는 것은 결코 쉬운 일이 아니다. 답변을 못하면 아이디어가 없는 사람일까? 그렇지 않다. 아이디어가 있지만 그것을 자신 있게 효과적으로 전달을 못할 뿐 아이디어가 없는 것이 아니다. 반대로 아이디어가 부족해도 자신 있게 효과적으로 전달만 잘하면 상대방은 그 사람을 아이디어가 뛰어나고 능력 있는 사람으로 판단할 것이다.

이렇듯 답변은 아이디어와 상관이 없다. 아이디어는 누구나 가지고 있지만 그것을 사람들 앞에서 효과적으로 이야기하지 못할 뿐이다. 그렇다면 어떻게 효과적으로 30초 안에 아이디어가 떠오르게 할 수 있을까?

먼저 상대방의 질문에 답변할 시간을 벌어야 한다. 아이디어가 떠오를 때까지 그 찰나의 시간을 번다.

직장 상사가 "사업 계획서 잘 되어가고 있어?"라고 물으면 일단 "사업 계획서요?"라고 다시 되물어라. 이는 상대방의 질문이 맞는지를 확인하는 것일 뿐만 아니라, 상대방에게도 내가 질문 내용을 잘 듣고 이해했다는 인상을 줄 수가 있다. 이렇듯 상대방의 질문에 되물음으로써 상대방이 맞다고 대답할 때까지 시간을 조금 더 벌 수 있다.

그 다음 "사업 계획서는 ~"이라고 상대방의 질문을 주어로 넣어 답변을 준비한다. 이 정도의 시간만 벌어도 내 아이디어를 충분히 생각할 시간이 될 것이다.

Part 4

상대의 마음을 얻는 기술

제1절

청중의 호감을 사라

똑똑해 보이고 말 잘하는 프레젠터가 아닌 호감 가는 프레젠터가
되라. 대부분의 프레젠터들은 똑똑해 보이고 유창하고 논리적으로 말
하려고 애쓴다. 하지만 정작 중요한 것은 청중들에게 호감을 주는 것이
다. 조금 서툴더라도 열정과 자신감을 갖고 있으면서 청중에 대한 예의
를 지키는 프레젠터가 청중으로부터 더 호감을 얻을 수 있다. 이 호감
은 신뢰감으로 이어지는데 이 신뢰감은 청중의 의사 결정에 중요한 영
향을 미친다.

대부분의 프레젠터들은 자신이 얼마나 똑똑한지 보여주기 위해 머
리로 프레젠테이션을 한다. 하지만 마음으로 호소하고 감성으로 승부
하며 뜨거운 열정을 보여준 발표가 더 청중들의 마음을 사로잡는다. 왜
냐하면 똑똑한 사람으로 보여지는 것이 아니라 청중과 소통하는 것이

중요하기 때문이다.

상대방이 "Yes!"라고 말할 수밖에 없도록 메시지의 틀을 구성할 필요가 있다. 예를 들면 장마철에 우산을 팔고 있다고 생각해 보자. 한 사람에게 우산을 사게 하려면 가장 먼저 무슨 말을 건네면 좋을까?

"오늘 비가 온다고 하는데, 우산 하나 준비하시죠! 5,000원밖에 안 합니다!"

이것이 우산 판매하는 사람의 의도에 가깝겠지만,

"시도 때도 없이 내리는 장맛비 때문에 짜증나시죠?"

라고 물어보자.

이렇게 물으면 아마 상대는 마음속으로는 "정말 짜증 나요!"라고 답할 것이다. 그 다음에 "비를 맞아서 축축하게 젖는 옷으로 돌아다니려면 얼마나 불쾌하시겠어요?"라고 말을 건넨다. 아마 상대는 당신의 그 말에도 동의할 것이다. 그런 후에 "오늘 비가 많이 온다고 하는데 우산 하나 준비하시죠?"라고 당신이 정말 하고 싶었던 말을 건네면 다짜고짜 "우산 사세요!"라고 말하는 것보다 훨씬 더 쉽게 상대를 설득할 수 있다.

제2절

청중이 원하는 것을 말하라

프레젠테이션에서 청중을 설득하려면 그에 앞서 청중의 니즈를 알아야 한다. 청중의 니즈를 사전에 파악해서 그들이 듣고 싶어 하는 내용을 준비하여 전달해야 한다. 니즈는 우리말로 욕구라는 의미이다.

그러면 요구와 욕구의 차이는 무엇일까?

어느 날 친구들과 격하게 운동을 한 아이가 땀을 흘리며 편의점에 들어와서 말했다.

"아저씨 콜라 하나 주세요?"

이 아이의 요구는 무엇일까? 바로 콜라이다. 그러면 이 아이의 욕구는 무엇일까? 갈증 해소이다.

그러나 마침 편의점에 콜라가 떨어졌다. 이 아이의 요구에 집중하면 콜라는 없다. 하지만 욕구를 생각하면 그 욕구를 다른 상품으로 충족시킬 수 있다. 만일 편의점 주인이 이 아이의 요구에 집중했다면, "콜라 없다."고 했을 것이다. 하지만 욕구에 집중했다면, "요새 누가 콜라 먹니? 이빨 썩게. 이온 음료 먹어."라고 얘기했을 것이다.

요구란 청중이 일반적으로 원하는 것을 의미한다. 하지만 니즈는 청중의 요구가 밑바탕에 깔린 욕구를 의미한다. 우리는 청중의 요구가 아닌 니즈에 집중해야 한다. 청중이 무엇을 듣고 싶은지 무엇을 원하는지에 집중하여야 청중을 설득할 수 있다.

예전에 박 대리는 삼천리그룹의 요청으로 임직원들을 대상으로 강의한 적이 있었다. 오프닝 멘트에서 박 대리는 이렇게 이야기했다.

"저는 어렸을 때부터 삼천리 자전거와 함께 커 왔습니다. 그래서 삼천리를 한 가족처럼 생각합니다."

그러자 교육에 참석한 임직원들과 맨 뒤에 앉아 있던 교육 담당자의 안색이 바뀌었다. 쉬는 시간에 교육 담당자가 박 대리를 부르더니 삼천리그룹과 삼천리 자전거는 전혀 무관한 기업이라고 얘기해 줬다. 정말 쥐구멍에라도 숨고 싶은 심정이었다. 그때 박 대리는 반드시 사전 조사가 필요하다는 사실과 청중의 니즈 파악이 무엇보다 중요하다는 사실을 깨닫게 되었다.

어느 날 입사한 지 얼마 안 된 후배가 박 대리에게 와서 일도 안 되고 성과도 안 난다며 일하는 게 너무 힘들다고 얘기했다. 이런 이야기를 들으면 보통 선배들이나 상사들은 뭐라고 할까?

"힘들어? 넌 힘들지? 난 죽을 거 같아."

그리고 입에 달고 다니는 관용구가 있다.

"나 때는 말이야~."

이렇게 후배의 니즈를 무시한 채 요구에만 집중하는 선배와 상사들이 있다. 이들은 후배들로부터 존중도 못 받고 존경도 못 받는다.

하지만 후배의 니즈를 이해한다면 이렇게 이야기할 수 있다.

"급할 거 없으니 조금 천천히 해. 힘들면 집에 일찍 가서 쉬고. 뭔가 이야기할 것 있으며 소주 한잔 사줄까?"

후배의 니즈는 자신이 힘든 상황에 있음을 인정해 달라는 것이다. 그리고 잘할 수 있도록 도움을 주고 응원해 달라는 뜻이다. 자신의 커리어에 대한 고민일 수도 있고, 일 대비 받는 급료에 대한 고민일 수도 있다. 또는 연애나 가정에 대한 고민일 수도 있다.

상대의 니즈를 정확하게 파악하려면 어떻게 해야 할까? 청중의 니즈 파악을 하기 위해서는 다음 3가지 기술이 필요하다.

① 질문
② 관점 전환

③ 창의적인 대안들

첫 번째로 질문을 통해 상대나 청중의 생각과 정보를 파악한다. 질문에도 기술이 있다. 질문에는 닫힌 질문과 열린 질문이 있다. 어떤 질문을 해야 할까? 바로 열린 질문이다. 예를 들면 닫힌 질문은 친구에게 "점심 먹었어?"라고 물어보는 것이다. 친구의 대답은 "예." 또는 "아니오." 두 가지밖에 없다. 하지만 열린 질문은 "점심 뭐 먹었니?"라고 물어보는 것이다. 즉 상대가 생각하게 하는 것이다. 닫힌 질문은 하면 상대와의 대화에 단절이 생기지만, 열린 질문을 하면 상대와 대화를 계속해서 자연스럽게 이어갈 수 있으며 상대의 응답을 통해 더 많은 정보를 얻을 수 있다.

두 번째는 관점 전환 훈련이다. 상대의 관점 즉, 청중의 관점에서 생각하는 것이다. 내가 하고 싶은 말보다는 청중이 듣고 싶어 하는 말을 더 고민해서 준비해야 한다. 관점 전환이 잘되는 사람은 비즈니스도 잘하고 연애도 잘한다. 그리고 프레젠테이션도 잘한다. 대체로 사회적으로 성공할수록, 자신감이 많을수록 관점의 전환 능력이 퇴행하는 경우가 많다. 그럴수록 관점 전환 훈련이 필요하다.

마지막으로 창의적인 다양한 대안들이다. 청중의 니즈와 프리젠터의 니즈를 포함한 다양한 옵션을 준비해 가서 상황에 따라 적절히 1안, 2안, … 5안까지를 끄집어내어 활용할 수 있어야 한다.

청중의 니즈를 파악하면 지금까지 어렵고 자신없었던 프레젠테이션의 본질을 조금 더 이해하고 다가갈 수 있게 된다. 그리고 청중이 누구인지와 니즈를 면밀히 파악하면 청중과 공감하는 스토리텔링 기법 등을 통해 청중을 설득할 수 있고 신뢰를 얻어낼 수 있다.

박 대리는 최근 국가기관 ○○○을 대상으로 SI솔루션 제안 프레젠테이션을 했던 적이 있다. 국가사업이라 프로젝트 규모도 크고 이목도 많은 사업이다. 국가기관 사업의 프레젠테이션 심사위원들은 모두 교수, 박사 등 그 분야의 전문가들로 구성되어 있었다. 마치 교수님 앞에서 과제 프로젝트를 발표하는 기분이랄까. 아무리 프레젠테이션 경험이 많은 박 대리로서도 솔직히 긴장이 많이 되었다.

시작도 하기 전에 숨이 막히는 듯한 긴장감이 몰려왔다. 그때 문득 소크라테스가 제자에게 해준 말이 생각났다. 어느 날 제자가 소크라테스가 제자에게 "숨이 막혔을 때 간절히 원하던 게 무엇이었나?"라고 묻자 제자는 "공기였습니다"라고 대답했다. 그러자 소크라테스는 이렇게 대답했다.

"네가 숨이 막혔던 그 순간에 공기를 원했던 것만큼 강하게 원한다면 지혜를 얻게 될 것이다"

이 사업을 준비하면서 숨이 막힐 정도로 간절히 원한 것은 무엇이었을까? 제안 프레젠테이션을 준비하다 보면 어느 순간 설렘으로 다가

온다. 내가 무엇을 강하게 원하는지 목표를 잃지 않으면 그것을 위해 시간을 쏟고 철저히 준비하게 된다. 이 제안 프레젠테이션을 준비하면서 박 대리가 강하게 원했던 것은 바로 수주였다. 철저하게 발표 스크립트를 준비하고 발주처의 니즈를 중심으로 예상되는 다양한 질문들을 파악해보고 예상 질문 리스트를 작성해서 질의응답 연습을 여러 차례 진행했다.

어렵사리 프레젠테이션을 마치고 며칠 뒤 우선 협상 대상자로 선정되었다는 통보를 받으니 박 대리로서도 회사로서도 경사가 아닐 수 없었다. 나중에 그 자리에 있었던 심사위원 한 분을 우연히 마주칠 기회가 있었다. 그 분은 그날 박 대리의 프레젠테이션이 매우 인상적이었다고 말씀해 주셨다.

제3절
청중이 알아듣기 쉽게 설명하는 법

프레젠테이션 장소에 도착해서 회의실에 들어가기 전에 5분 정도 깊게 심호흡을 하면 좋다. 긴장한 근육이 풀어지고 마음이 가라앉아 목소리도 차분해진다.

핵심 단어를 잘 조합하라

프레젠테이션을 할 때는 키워드를 잘 집어내야 한다. 파워포인트를 어떻게 만드느냐가 핵심이 아니다. 중요한 것은 자신이 전하고자 하는 바를 분명하고 정확하게 알려 상대방이 기억하기 쉽도록 전달하는 것이다. 다시 말해 핵심 단어를 잘 조합하는 것이다.

일반적으로 발표 원고에서 핵심 단어를 포함한 서술어, 수식어 등도 다 외우려고 노력한다. 그러나 정말 토씨 하나 틀리지 않고 외우긴 어렵다. 만약 많은 시간과 노력을 투자해 전체 원고를 다 외웠다고 치자. 하지만 실제 발표 현장에서는 다양한 변수들과 돌발 상황이 발생하기 때문에 예기치 못한 상황에 휩쓸리게 되면 외운 내용을 잊어버릴 수도 있다. 한번 그러기 시작하면 나머지 내용들이 생각이 안 난다. 물이 흘러나오는 통로를 막아버린 것이나 다름없다. 그 통로를 다시금 거슬러서 기억해 내지 못하면 다음 내용이 기억나지 않는다. 결국 횡설수설하다가 목적했던 바를 이루지 못하게 된다.

효과적인 방법은 핵심 단어를 조합하여 스크립트를 작성하는 것이다. 그리고 핵심 단어에 필요한 서술어, 수식어 등은 사전에 연습을 통해 미리 준비해 둔다. 물론 서술어나 수식어는 표현이 조금씩 다를 수 있다. 예를 들어 제안의 주제가 '스마트 워킹 시스템입니다'일 때의 핵심 단어는 '스마트 워킹 시스템'이다. 그리고 '이번 제안은', '소개해 드릴 내용은'이라는 수식을 해주는 표현들은 그리 중요하지 않다.

"제가 말씀드릴 주제는 '스마트 워킹 시스템'입니다"

"이번 제안은 '스마트 워킹 시스템'입니다"

"제가 소개할 내용은 '스마트 워킹 시스템'이라고 말씀드릴 수
있습니다"

이렇게 수식어 표현 방법은 여러 가지가 있다. 표현에 정답은 없다. 하지만 여기서 중요한 것은 '스마트 워킹 시스템'이라는 핵심 단어는 누락 없이 정확히 표현해야 한다. 다시 한번 말하자면 프레젠테이션은 핵심 단어의 조합이다. 수식어 표현까지 모두 외울 필요는 없다. 핵심 단어만 기억하고 수식어 표현들은 현장 상황에 맞게 표현해 주면 된다.

적절한 연결어

두 번째로 중요한 것은 연결어이다. 초보 프레젠터는 슬라이드와 슬라이드 사이의 내용 연결이 무척이나 딱딱하고 부자연스럽다. 또한 그 다음 슬라이드가 생각나지 않을 때에는 시간을 벌기도 어렵다. 그렇기 때문에 연결어를 말하면서 시간을 벌어 다음 슬라이드의 내용을 전개해 가는 것도 좋은 방법이다. 적절한 연결어들을 미리 연습해서 슬라이드와 슬라이드 사이에 적절하게 사용하면 내용의 흐름과 전개를 자연스럽게 이어나갈 수 있다.

예) 그래서, 그리고, 왜냐하면, 다음 장에서 말씀드릴 내용은 등

정보의 그룹화

프레젠테이션을 할 때 어려운 내용을 좀더 쉽게 표현하고 보여 주

는 방법을 택해야 한다. 우선 정보를 그룹핑한다. 그룹핑이란 정보를 '정리한다'는 의미이다. 사람들은 형태·색상·크기 등이 유사하거나 가까이에 있는 것들은 서로 연관지어 하나로 보는 경향이 있다, 이를 게슈탈트 심리학에서는 유사성(similarity), 근접성(nearness)의 원리라고 한다. 그룹핑하는 이유는 청중이 이해하기 쉽게 하기 위해서이다.

예를 들어 당근, 바나나, 양파, 사이다, 우유, 콜라, 토마토, 사과, 감자를 나열하고 기억하라고 하면 쉽게 외우지 못할 것이다. 하지만 이렇게 유사하고 근접한 정보끼리 그룹핑하면 전달하려는 의도를 훨씬 쉽게 이해할 수 있고 상대에게도 효과적으로 전달할 수 있다.

> 채소 : 당근, 양파, 감자
> 음료 : 사이다, 우유, 콜라
> 과일 : 바나나, 토마토, 사과

이는 우리가 폴더를 나누어 보기 쉽고 찾기 쉽게 정리하는 것과 같은 원리이다. 포털 사이트에서 키워드 검색을 통해 유사한 키워드를 묶어서 정보를 알려 주는 방식과 비슷하다고 할 수 있다.

주어와 서술어의 호응

주어와 서술어를 가깝게 하면 훨씬 의미가 명확하고 잘 전달된다.

"앞에서 말했듯이 오늘날 IoT는 지속적으로 발달되었으며, 웨어러블 기기들도 따라서 변화 발전해 왔습니다. 이로써 첫째, 웨어러블 기기들의 발달을 가져왔으며, 둘째 무선 통신 사업도 함께 발전하게 되었습니다."

제4절
핵심 메시지

초보 프레젠터가 처음 프레젠테이션할 때는 친절하게 처음 슬라이드부터 마지막 슬라이드까지 보이는 대로 청중을 대신해서 읽어준다. 이때 프레젠터는 항상 스크린이나 손에 들고 있는 원고를 바라보면서 일정한 목소리 톤으로 읽어주게 된다.

청중은 처음 한두 장의 슬라이드에 대해서는 그럴 수도 있다는 생각으로 참고 들어주지만, 세 번째 슬라이드도 동일하게 읽어준다고 판단되면 그 순간 귀와 마음을 닫게 된다. 무시당한 청중은 집중하지 않고 딴 생각에 빠지게 된다. 지루한 프레젠테이션으로 인해 시간이 흐를수록 청중은 고통스러워 하다가 급기야 프레젠터에 대한 적개심마저 가지게 된다.

실제로 프레젠테이션이 어렵다고 하는 사람들 중에서 많은 수가 발표할 원고의 내용을 모두 작성하고 외워서 발표하려고 한다. 이 방법은 많은 시간과 노력, 그리고 세밀한 준비가 필요하다. 그러나 한번 맥이 끊기면 유연하게 대처하기 힘들다. 무엇보다 발표자 본인이 내용을 다 이해하지 못한다. 생각해 보라. 프레젠터가 다 이해하지 못한 내용으로 청중들을 설득시킬 수 있겠는가? 하지만 발표 내용을 이해하기보다 암기하려고만 하다보니 내용을 제대로 이해하지 못하게 되는 것이다. 문제는 여기서 시작된다. 특히 발표에 익숙하지 않은 사람일수록 실제 발표에서 실수할 확률이 더 높다.

핵심 나열 스크립트는 핵심 메시지로만 구성되어 있어서 서술식 시나리오와는 다르게 수식어가 포함되어 있지 않다. 예를 들어 핵심 메시지를 소개할 때 핵심 나열 스크립트는 '핵심 메시지 소개'로 표현하지만, 서술식 시나리오는 '오늘 핵심 메시지를 소개해 드리도록 하겠습니다.'로 시작된다. 그렇기 때문에 "오늘 소개해 드리도록 하겠습니다."는 프레젠터가 굳이 외울 필요가 없이 상황에 맞게 말하면 된다. 중요한 것은 수식어가 아닌 핵심 키워드이다. 핵심 키워드 중심으로 상황에 맞게 앞뒤 말을 하면 된다.

〈서술형 원고〉

오늘 소개해드릴 내용은 스마트 워킹 시스템입니다. 스마트 워킹 시스템은 정보통신기술(ICT)을 이용해 고정된 사무실에서 벗어나 언제 어디서나 편리하게 업무를 수행하는 것을 뜻합니다. 특히 유연한 근무 환경으로 직원들의 창의적 사고를 돕고 업무 과정에서 발생하는 비생산적 요소를 줄이는 장점이 있습니다. 또한 스마트 워킹은 일하는 방식뿐만 아니라 문화와 제도 전반을 변화시켜 기업의 가치를 높일 수 있습니다.

서술어는 핵심 단어가 나타내는 의미를 완성시키기 위해서 필요로 하는 다른 언어 요소를 말한다. 예를 들어 '스마트 워킹'이라는 핵심 단어가 완전히 명시적으로 표현되기 위해서는 그 내용을 가리키는 언어 표현이 필요하므로 이들 언어 표현은 자신이 필요로 하는 내용들을 하나하나 취함으로써 문장이 이루어진다.

〈핵심 나열식 스크립트〉

스마트 워킹 시스템의 특징
● 정보통신기술(ICT)을 이용
● 언제 어디서나 편리하게 업무를 수행

스마트 워킹 시스템의 효과
● 업무 과정에 발생한 비생산적 요소 감소
● 일의 방식과 문화를 변화시켜 기업의 가치 제고

핵심 나열 스크립트는 슬라이드 간 인과관계를 자연스럽게 연결해 줄 연결어를 사용하여 보충한다. '그리고, 또는, 그래서, 그러나, 따라서, 또는 다음 슬라이드 내용을 한 마디로 설명드리면' 등의 적절한 연결어를 배치하여 사용하면 내용을 자연스럽고 효과적으로 전달할 수 있다. 다만 동일한 연결어를 반복해서 사용하는 것은 피한다.

제5절

겸손한 자세를 견지하자

당당함보다 어려운 것이 겸손이다. 왜 그럴까? 겸손해지려면 먼저 실력이 있어야 하기 때문이다. 논리도 갖추어야 하고, 내용에 대해서도 정통해야 하고, 프레젠테이션 능력도 탁월해야 한다. 그래야 비굴하지 않고 진정으로 겸손해질 수 있다. 실력이 없다면 스스로 비굴해질 수밖에 없고, 자신의 능력 부족을 감추기 위해 애쓰게 된다.

겸손이란 강한 자만의 특권이다. 강한 사람은 겸손해질 수도 있고, 거만해질 수도 있다. 강한 사람이 자신을 낮추는 것은 겸손이고, 자신을 높이는 것은 자만이다. 약한 사람은 겸손해질 수 없다. 자신을 낮출 수 없기 때문이다. 약한 사람이 자신을 낮추는 것은 비굴이고, 자신을 높이는 것은 허풍이다.

최고의 위치에 오른 사람은 언제나 최선을 다하면서도 부족함과 아쉬움을 느낀다. 뭔가 부족하고 아쉽다는 느낌은 다음 번에 더 잘해야겠다는 다짐과 더 잘할 수 있다는 자신감의 다른 표현이다. 진정한 최고는 겸손하다. 겸손은 실력 있는 사람만이 보여줄 수 있는 미덕이다. 실력 없는 사람이 겸손하면 비굴해 보인다. 겸손은 최고만이 보여줄 수 있는 최고의 자세와 태도다. 최고는 언제나 초보자의 마음, 겸손한 마음으로 살아간다. 자신이 최고라고 인정하고 안주하는 순간이 퇴보하기 시작하는 순간임을 잘 안다.

꼭 만족할 만한 성과를 얻기 위해 도전하는 것은 아니다. 최선을 다한다고 해도 원하는 것을 얻을 수도 있고 얻지 못할 수도 있다. 하지만 도전을 통해 자신의 세계를 반드시 넓어지기 마련이다. 그것이 더 중요하다.

제6절

상대방에게 집중하는 방법

대화나 스피치에서 가장 중요한 것은 상대방이다. 프레젠테이션에서도 가장 중요한 것은 '청중'이다. 많은 발표자들이 발표하고 있는 자신이 주인공이라고 착각한다. 이러한 착각으로 인해 '발표할 때 사람들이 날 어떻게 생각할까?'에 대해서만 고민하고 그것에 집중한다.

설득력 있는 발표자는 청중이 주인공임을 안다. '이번 청중들의 특징은 뭘까?', '그들은 무엇을 원할까?' 이런 고민을 먼저 하고 그들에게 초점을 맞춰 준비하고 발표한다면 보다 설득력 있는 발표가 될 것이다.

사람들은 자신에게 질문해 주고 칭찬해 주며 관심을 가져주는 사람을 더 좋아한다. 그렇기 때문에 프레젠테이션에서는 청중에게 집중하는 것이 가장 중요하다.

'들을 문(聞), 들을 청(聽)'

들을 문(聞), 안 들어도 괜찮은 진리가 아닌 말들을 들을 때 이 문자를 쓴다. 말 그대로 들리는 소리를 듣는 것이다. 그러나 그보다 '깊이 사람의 마음을 듣는다.'로 쓸 때는 들을 청(聽)을 쓴다. 경청이라고 쓰지 경문이라고 쓰지 않는다. 겉을 보느냐 속을 보느냐에 따라 뜻이 다르다. 상대방이 경청하도록 만드는 방법은 간단하다. 내가 먼저 상대방에게 집중하면 된다. 특히 상대방이 현재 원하는 것이 무엇인지 생각해 보아야 한다.

상대에게 집중하는 세 가지 방법을 소개한다.

첫 번째, 주의 깊게 듣는다.

상대와 이야기하다 보면 상대방의 말을 다 이해하고 있다는 생각에 상대의 말을 끊고 자기가 하고 싶은 말을 시작할 때가 있다. 이것은 실수다. 상대의 말을 존중하며 말을 끊지 말고 끝까지 들어줘야 한다. 그러면 상대가 자신에게 집중한다는 것을 느낄 것이다. 그리고 상대의 말에서 상대가 원하는 것을 파악할 수 있다. 상대의 마음을 얻기 위해서는 상대가 원하는 것에 집중하면 된다.

두 번째, 상대의 말을 큰 그림 속에서 파악한다.

한 마디 한 마디에 신경쓰면 정작 상대의 진짜 의도를 보지 못하게 된다. 상대방이 말하려는 의도를 스스로 판단해야 한다. 나 역시 내 의도를 100% 정확하게 전달한 적이 있었던가? 상대도 마찬가지다. 상대의 말 그 자체보다는 말하려는 의도를 고민하면서 강조하고 반복하는 부분에 집중하면 된다.

세 번째, 상대방의 얼굴을 주시한다.

귀로만 말을 듣고는 정작 얼굴은 보지 않는 사람이 많다. 하지만 대화 시 많은 부분이 비언어적으로 전달된다. 얼굴을 보지 않으면 상대가 정말 하고 싶은 말을 듣지 못할 수 있다. 상대의 얼굴을, 특히 시선과 입을 잘 보면 상대의 감정 상태를 파악하는 데 도움이 된다. 즉 상대의 마음을 얻고자 하면 상대의 이야기에 집중하면 된다.

제7절
청중 지향 프레젠테이션

청중은 프레젠터로부터 여러 가지 이야기를 듣게 된다. 그러나 발표가 끝나고 난 후에 도대체 무엇을 들었는지 기억나지 않는다면?

청중이 프레젠테이션 내용을 기억하지 못하는 이유는 두 가지로 생각해 볼 수 있다.

첫째, 결론이나 요점이 명확하지 않기 때문이다.

'그래서 말하고자 하는 게 뭐지?'라는 의문이 드는 경우이다.

둘째, 청중에게 명확한 이익이 돌아가지 않는 경우이다.

'그래서 그게 나와 무슨 상관이지?'라는 생각을 하게 되면 프레젠테이션에서 들었던 내용들은 기억에서 빠르게 소거된다.

이러한 경우를 피하기 위해서는 프레젠테이션을 준비할 때 다음의 사항을 유의해야 한다.

첫째, 상대가 누구인지 파악하라.

냉장고 한 대를 팔 때도 연령대와 독신인지 혹은 4인 가족인지 여부를 먼저 알아야 한다. 발표하기 전에 청중의 성별, 연령, 문화적인 배경이나 종사하고 있는 분야나 직종 등 전반적인 성향을 분석해야 한다. 청중이 어떤 사람들인지 알아야 거기에 맞춰 프레젠테이션 수준과 방향을 결정할 수 있기 때문이다.

둘째, 상대가 원하는 것을 파악하라.

상대의 마음을 사로잡을 수 있는 논리를 펼쳐야 한다. 그러기 위해서는 상대를 파악해야 한다. 예를 들어 당신이 공연장을 운영한다고 하자. 그런데 공연 입장료를 올리려고 한다. 이를 추진하기 위해서는 관람객들이 납득할 수 있는 명분을 만들어야 한다. 입장료를 올리면 그 돈으로 시설 개선에 투자할 수 있으며, 유명한 뮤지션을 섭외할 수 있고, 음향 시설 등을 업그레이드함으로써 최고의 공연 시설을 만들어 공연과 서비스의 질을 높일 수 있다고 설득해야 한다.

반대로 투자자를 상대할 때도 그와 똑같은 주장을 해서는 안 된다. 이때는 입장료를 올리면 지금보다 수익을 얼마나 올릴 수 있는지 설득해야 한다.

핵심은 청중을 파악하는 것이다. 성별과 연령, 사회적 지위가 어떤지, 어떤 관심과 편견을 갖고 있는지 등을 살펴야 한다. 그리고 상대가 무엇을 원하는지 파악해야 한다.

'내가 청중이라면 어떨까?' 이런 질문을 스스로에게 자주 던지는 사람이라면 프레젠테이션의 성공에 한 발 더 다가간 사람이다. 아니 프레젠테이션뿐만 아니라 무슨 일에서든 앞서 나가며 인간관계 또한 원만한 사람일 것이다.

'지금 상대의 기분이 어떨까?', '상대가 무엇을 원할까?', '어떤 생각을 할까?', 그리고 '내가 상대방이라면 어떨까?'에 집중하고 고민한다면 생각과 고민하는 데 시간은 들겠지만 그 결론은 무척 훌륭할 것이다. 그렇다면 이러한 질문은 왜 중요할까? 그것은 바로 공감 때문이다. 프레젠터와 청중, 상대와 나 모두가 다른 삶을 살아왔고, 배움의 크기와 처한 환경이 모두 다르다. 다른 사고와 생각을 가지고 있기 때문에 상대방과의 공감대를 형성하기가 쉽지 않다. 그렇기 때문에 상대방을 먼저 이해하려는 배려가 없다면 공감은 불가능한 일이다.

그렇다면 상대방을 어떻게 이해하고 배려해야 할까? 상대방의 기분 또는 입장을 이해하는 능력을 '공감 능력'이라고 한다. 철학자 로먼 크르즈나릭은 공감을 '상상력을 발휘해 다른 사람의 처지에 서보고, 다른 사람의 느낌과 시각을 이해하며, 그렇게 이해한 내용을 활용하여 자신의 행동 지침으로 삼는 기술'이라고 했다. 즉 프레젠테이션도 '청중의 입장에서 생각하고 그들이 원하는 것을 고민하고 이해하며 그렇게 이해한 내용을 프레젠테이션에 적용함으로써 상대를 설득하는 기술'이라고 할 수 있다.

　프레젠터가 청중에 대한 공감 능력이 없으면 프레젠테이션을 할 수 없다. 상사의 입장에서 생각하고 판단하지 못한다면 뛰어난 실력을 갖추었다고 해도 빠른 승진은 어려울 것이다. 상사가 원하는 것이 무엇인지 고민하고 이해해서 그들의 니즈를 충족시키고 설득하는 작업이 필요하다. 상대방을 이해하고 배려하는 공감 능력을 키우기 위해서는 무엇보다 적극성이 필요하다.

　요즘 시대에는 글을 모르는 게 문맹이 아니다. 글을 읽어도 상대의 마음을 못 읽는 게 문맹이다. 상대의 입장에서 고민하고 이해하며 배려할 때 공감 능력은 커질 것이며, 나아가 우리가 가지고 있는 문제도 해결할 수 있다.

제8절

준비를 많이 한 자가 승리한다

로마의 위대한 스피커 마르쿠스 툴리우스 키케로는 대중 앞에서 스피치를 할 때 철저히 준비한 인물로 유명하다. 그는 대중 앞에 서기 전 두려움을 이렇게 표현했다.

"나는 말을 시작할 때면 아주 초조해진다. 연설할 때마다 내 능력뿐 아니라 성격과 명예까지 의식하지 않을 수 없다. 내가 할 수 있는 것 이상을 약속해서 완전히 무책임하게 내비치거나, 내가 할 수 있는 것 이하를 약속해서 불성실하고 무관심하게 보일까 봐 두렵다."

프레젠테이션에 대한 불안감이 없다면 준비에 소홀하게 된다. 준비가 부족한 프레젠테이션은 설득력이 약해질 수밖에 없다. 특히 직접 작성하지 않은 프레젠테이션 자료로 프레젠테이션을 진행하면 설명하고자 하는 내용에 대한 이해가 부족하게 된다. 잘 모르는 것에 대해 이야기해야 하는 부담감은 전체 프레젠테이션을 위축시키고, 프레젠터의 열정과 자신감을 상실하게 만든다. 프레젠테이션 현장에서는 항상 변수가 생기기도 하고 돌발 상황도 발생한다. 프레젠터가 통제할 수 없는 상황에서 사전 준비마저 부족하면 제대로 대응할 수 없고 우왕좌왕하게 된다. 발표 자료, 원고, 리허설, 질의 응답, 역할 분담 등 사전 준비가 부족한 상태에서 진행하는 프레젠테이션은 반드시 실패한다.

가끔 사람들이 박 대리에게 묻는다.

"프레젠테이션 발표 당일 무엇부터 해야 하나요?"

"화장실 먼저 가세요."

여기에는 두 가지 이유가 있다.

첫째는 생리적인 현상을 해결한다.

대개 초보자일수록 중요한 발표 당일 아침부터 불유쾌한 신체 반응들이 나타난다. 신호는 오는데, 막상 화장실에 가도 제대로 해결되지도 않는다. 하지만 발표 전에는 꼭 화장실에 들러야 한다. 볼일을 보지 않더라도 화장실에 가서 내가 볼일이 없다는 것을 스스로 확인하는 것이 중요하다. 시작하고 난 후 볼일이 엄습해 당황하는 것보다는 낫다.

둘째, 매무새를 가다듬어야 한다.

박 대리는 지금도 습관적으로 프레젠테이션 발표뿐만 아니라 비즈니스 미팅 전에 화장실에 간다. 전체적인 매무새도 확인하고, 넥타이가 삐뚤어지지 않았는지, 정장에 묻은 것은 없는지, 입 주변이나 이에 이

물질이 묻거나 끼지는 않았는지, 머리는 엉클어지지 않았는지, 상의가 삐져나오진 않았는지를 꼼꼼히 살피고 마지막에 자신에게 응원의 메시지를 뜻하는 표정을 짓고 나온다. 그러면 한결 자신감이 생긴다. 그러기 위해서는 약속 시간보다 미리 현장에 도착해서 불유쾌한 증상들을 해소하고 매무새를 다듬는 여유를 갖도록 하자.

효과적인 시작과 마무리

프레젠테이션을 시작할 때에는 서론에서 프레젠테이션의 목적과 주제, 배경, 결론을 설명하여 청중의 집중과 흥미를 유도한 다음 본론의 내용과 순서를 사전에 간략하게 소개한다.

결론 단계는 발표자가 프레젠테이션의 목적을 이룰 수 있는 마지막 기회이다. 청중이 결단을 내리고 행동할 수 있도록 요약하고 반복하고, 강조한다. 경우에 따라 본론에서 사용했던 시각자료를 다시 한번 보여주는 것도 효과가 있다. 프레젠테이션 결론에서 반드시 지켜야 할 조건은 바로 일관성이다. 본론에서 실수로 내용을 잘못 설명했다고 해서 프레젠테이션을 마무리하는 결론 단계에서 이것에 대해 부연 설명을 하거나 정정해서는 안 된다. 새로운 아이디어나 본론 내용과 반대되는 사실을 언급하는 오류를 범함으로써 청중에게 혼란을 주지 않도록 한다. 준비한 결론만 확실하게 말한다.

발표 시간 엄수하기

프레젠테이션은 오전에 하는 것이 좋다. 만일 일정상 오후에 해야 한다면 점심식사 후 바로 시작하지 말고, 조금 지난 시간인 오후 2~3시 정도가 좋다.

자신에게 배정된 프레젠테이션 시간을 준수하는 것은 매우 중요하다. 다음 발표자의 프레젠테이션이 뒤이어 예정되어 있거나 청중에게 다른 일정이 있을 수 있기 때문이다. 그러나 프레젠테이션 진행 중 예상치 못한 질문이나 상황으로 시간이 지연될 수 있는데, 이런 경우를 대비해서 발표 자료를 검토할 때 설명을 줄이거나 생략해도 큰 문제가 없는 부분을 미리 확인해 두어야 한다. 반대로 일찍 끝날 경우에 대비해 유머나 발표 내용과 관련된 재미있는 이야기를 몇 가지 준비해 두었다가 시간을 조절할 때 활용하는 것도 좋다. 늦게 끝나는 것보다 차라리 일찍 끝나는 것이 좋다.

제9절
효과적으로 말하기

'효과적인 말하기'를 위해 스크립트를 작성하여 핵심 포인트를 나열하고 정보를 알기 쉽게 구조화해서 전달하는 것이 좋다. 정보를 구조화하면 발표자 역시 효과적으로 정보를 이해하고 기억할 수 있으며, 청중도 훨씬 쉽게 정보를 이해하고 기억할 수 있기 때문이다

당신이 코로나19 질병관리청 담당자라고 가정해 보자. 질병관리청장이 갑작스레 방문하여 코로나19 종합관리대책에 대해 짧게 보고해야 하는 상황이다. 다음의 정보를 어떤 식으로 전달해야 하겠는가?

1. 확진자에 대한 지원 활동을 하고 있습니다.

2. 양성 확진자는 ○○병원에서 시작되어 유행이 진행되었습니다.

3. 각종 식료품과 식수를 제공하고 있습니다.

4. ××병원의 의료진인 환자는 곧 퇴원할 예정입니다.

5. 코로나19 추가 확산 방지 종합 대책 추진은 순조롭습니다.

6. 확진자를 격리 및 치료하고 있습니다.

7. 확진자는 자택 격리 후 치료를 받고 있습니다.

8. 현장 역학조사 활동으로 확진자를 찾고 있습니다.

9. 코로나19 격리자 긴급 생계비를 지원하고 있습니다.

10. 확진자 버스, 지하철 이동으로 인한 전파 가능성을 확인하였습니다.

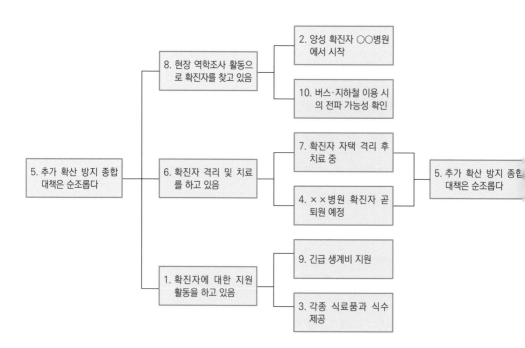

제10절
패션도 전략이다

공자는 《논어》에서 이렇게 이야기했다.

"바탕이 겉모습을 넘어서면 촌스럽고, 겉모습이 바탕을 넘어서
면 형식적이 된다. 겉모습과 바탕이 잘 어울린 후에야 군자다운 것이
된다."

프레젠테이션에서도 내면의 자신감만큼 외면의 아름다움도 보여
줘야 한다. 아무리 내면의 자신감이 넘친다 해도 외면의 촌스러움은 봐
줄 수 없기 때문이다.

실제로 프레젠테이션 내용 자체에 집중하는 청중들은 그리 많지 않
다. 청중은 프레젠터를 바라보면서 지금 하고 있는 프레젠터의 표정이

며, 옷맵시며, 그의 습관을 주시한다. 초보자보다는 강하고 노련한 전문가에게 약한 것이 청중의 심리이다. 설령 초보 프레젠터라 할지라도 전문가처럼 보여야 한다. 물론 쉽지는 않겠지만 여유 있게 행동하고 당황하지 않는 의연함이 있다면 전문가처럼 보일 수 있다.

프레젠테이션에서는 프레젠터도 하나의 상품이다. 청중은 프레젠터를 개인으로서 평가하거나 인식하는 것이 아니라, 구매하고자 하는 상품과 서비스를 판매하는 상품 또는 의사 결정을 위한 대표로 판단한다. 프레젠터의 표정과 외모는 제안자의 상품이며 제안하고자 하는 프로젝트의 샘플이 된다. 따라서 명품이 될 수도 있고, 싸구려로 전락할 수도 있다. 이것은 프레젠터뿐만 아니라 프레젠터 측의 참석자도 마찬가지다.

복장은 스마트한 이미지를 풍기는 것이 좋다. 남성은 짙은 남색이나 검은색 정장을 착용하고, 흰색이나 푸른색 계열의 셔츠와 붉은색 계열의 선명한 컬러 넥타이로 포인트를 준다. 선명한 넥타이는 청중의 시선을 고정시키고, 프레젠터의 움직임에 더욱 주목하도록 만드는 효과가 있다. 셔츠 맨 위의 단추를 채우는 것도 잊지

말아야 한다. 여성의 경우 짙은 색 정장에 흰색 또
는 푸른색 계열의 블라우스를 입는 것이 좋다. 브
로치 등 시선을 얼굴 쪽으로 끌 수 있는 액세서리
도 필요하다. 하지만 너무 눈에 띄는 악세서리는
하지않는다. 다만 시계는 착용하는 것이 좋다. 너
무 눈에 띄는 명품시계 보다는 깔끔하고 심플하며
무난한 디자인의 시계를 착용한다. 그리고 PT 중
간에 시계를 보면서 시간관리를 잘 하고 있다는 이
미지를 준다. 구두는 클래식한 끈이 있는 구두를
신는다.

　프레젠터뿐만 아니라 참석자 모두 통일된 색상
과 스타일을 유지하는 것이 좋다. 사소한 부분이지
만 주머니에 동전, 휴대전화 등 소리가 날 수 있는 물건은 모조리 빼두
어야 한다. 프레젠터가 움직일 때마다 소리가 나면 주의가 산만해지기
때문이며, 주머니가 볼록 나와 보기에도 좋지 않다.

　PT 장소의 열기는 뜨겁다. PT 회의장 내의 긴장감으로 인해 등줄
기부터 시작해서 얼굴에 땀이 주르륵 흐른다. 이때 소매나 손등으로 땀
을 닦기보다는 미리 정장 바지 뒷주머니에 준비해 둔 손수건으로 평
가 위원들을 약간 등지면서 땀을 닦아주는 것이 좋다. 그러면 발표자가
PT에 열정을 가지고 성실하게 임하고 있다는 이미지를 줄 수 있다.

제11절
면접 프레젠테이션

면접 프레젠테이션을 할 때는 다음과 같은 것들이 중요하다.

우선 지원한 회사에 대한 관심을 갖고 회사와 관련된 정보를 충분히 인지하고 있어야 임원들에게 긍정적인 평가와 좋은 이미지를 심어줄 수 있다. 또한 질문에 매끄럽게 대답하여야 준비된 인재라는 느낌을 줄 수 있다. 회사나 일에 대하여 질문할 때 "입사 전이라 잘 모르겠습니다."라는 답변은 솔직한 마음을 나타내 줄지는 모르지만, 면접관이 원하는 답변은 아니다. 회사의 홈페이지는 물론 회사와 관련된 몇 년 동안의 신문 기사를 꼼꼼히 챙겨 보는 것은 면접을 준비하는 기본 자세이다.

더욱이 지원 회사뿐만 아니라 경쟁사와 시장 동향까지 파악하고 있다면 새로운 아이디어나 전략도 제안할 수 있어 더 좋은 평가를 받을 수 있다. 모든 면접자들은 면접에서 질문에 대한 정답을 찾아 말하려고 한다. 그러나 면접에서는 전문적인 지식보다 응용 능력과 사고력에 대한 질문을 많이 한다. 즉 정답은 없다. 무엇보다 지원자의 가치관과 사고가 중요하다. 사물과 현상을 어떻게 바라보고 해결책을 찾아 나가는지에 대한 통찰력과 사고력, 그리고 신속한 대응 능력을 갖춘 지원자가 전문적인 지식과 이론을 가지고 있어 정답을 말하는 지원자보다 훨씬 더 답변할 수 있는 내용이 더 많을 것이며, 더 좋은 평가를 받는다.

다음으로 중요한 것은 예의 바른 자세와 태도이다. 최대한 예의를 갖추되 당당하고 적극적인 모습을 보여야 한다. 지나친 겸손은 오히려 자신감 없음으로 비춰진다. 내성적이고 소심한 사람은 위축되어 쉽게 움츠러드는 경향이 있는데, 면접관 입장에서는 소신 없고 자신감 없게 받아들일 수 있다. 약간 긴장 상태를 유지하되 예의 바른 태도와 자세로 답변을 자신감 있고 여유롭게 해야 한다. 면접관이 질문하면 무슨 답변을 원하는지를 판단하여 먼저 결론부터 말하는 것이 좋다. 부연 설명은 그 다음에 구체적으로 해야 한다. 면접자가 조리 있게 말하게 되면 질문 내용을 잘 이해했다는 인상을 주어 더 좋은 평가를 얻을 수 있다. 오히려 정리되지 않은 산만한 답변을 늘어놓으면 면접관들은 대부분 "그래서 결론이 뭐죠?" 또는 "네. 그만하세요."라고 말하며 답변을 중간에 자를 수 있다.

프레젠테이션은 면접자의 모든 능력을 한 번에 보여줄 수 있는 기회이다. 프레젠테이션 내용을 잘 이해하고, 이를 효과적으로 정리하여 설득력 있게 전달하면 된다. 또한 질의 응답을 통해 지원자의 의도와 사고를 다시 확인해 볼 수 있다. 무엇보다 지원자의 열정과 자신감을 볼 수 있는 중요한 평가 요소이다. 면접 프레젠테이션에서는 보통 10분의 시간이 주어진다.

Part 5

Intro에서 Impact까지

제1절
스토리 라인 구성

스토리 라인은 상대방을 설득할 수 있는 도구로, 반드시 상대방을 설득할 수 있는 논리 구조를 가져야 한다.

Intro : 자신감 있는 태도와 인사(자기 소개)

누구나 처음 청중 앞에 서면 긴장하게 된다. 이때 자신감 있는 태도와 밝은 표정과 미소로 호감을 주어야 한다. 프레젠터의 첫인상으로 청중들은 선입관을 갖게 된다. 자신감 있는 행동과 말로 청중에게 신뢰와 호감을 주어야 한다.

Why : 상대를 집중시켜라

CRM 시스템 제안에 관련해서 "만약에 앞으로 신규 고객을 유치한 후 고객 관리를 하지 않으면 어떻게 될까요?"라고 질문하면 청중들은 '과연 무슨 말을 하려고 저런 말을 할까?'라고 귀를 쫑긋 세울 수밖에 없다. 왜냐하면 고객 관리는 정말 중요한 세일즈이기 때문이다. 그런데 그것에 대해 의문을 갖게 한다면 청중의 관심을 집중시킬 수 있다.

What : 핵심 포인트를 간략하게 소개하라

그 다음 얘기로 "그야말로 고객 관리는 중요하지 않을 수 없습니다."로 중요성을 말한 후 본문으로 들어간다. 오늘 프레젠테이션에서는 CRM에 대해서 두 가지를 말씀드리겠다고 말한 다음 첫째로 고객 관리의 중요성과 둘째로 영업 사원의 역량에 대한 핵심 포인트를 간략하게 사전 소개한다.

Fact : 핵심 포인트를 설명하라

첫째, CRM은 이렇습니다.
둘째, 영업 사원의 역량은 이렇습니다.

How : 핵심 포인트를 입증할 만한 근거를 설명하라

핵심 포인트를 입증할 만한 근거들을 얘기한다. 예를 들어 CRM의 대표적인 성공 사례 및 실패 사례를 설명한다*(CRM의 중요성)*. 그리고 영업 사원의 역량이 CRM 성공에 미치는 영향 등을 설명한다.

Repeat : 핵심 포인트를 강조하라

핵심 포인트를 다시 한 번 더 강조하면 청중들은 더 오래 기억한다.

Solution : 솔루션을 제공한다

마지막으로 솔루션을 이야기한다. CRM 도입의 중요성과 영업 사원의 역량 등 갖춰야 할 요소를 솔루션에 설명한다.

Effect : 상대의 이익을 명시하라

솔루션을 적용했을 때 상대가 얻게 되는 이익을 명시해야 한다.

"CRM을 도입했을 때 고객 유지 효과가 몇억 원이다.", "영업 사원의 역량이 향상되었을 때 고객 확보 및 유지에 대한 효과가 몇 억 원이다."처럼 정성적 가치보다는 정량적 가치와 이익을 명시해 준다.

Impact : 마지막 끝맺음은 강력한 감성적 메시지와 이미지로 마무리한다

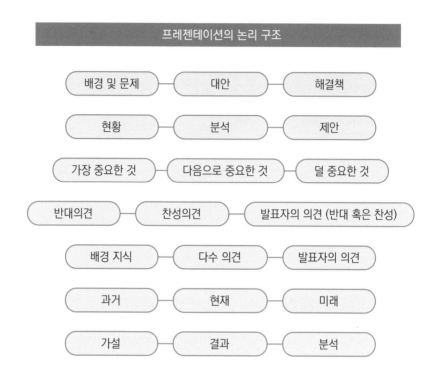

제2절
설득형 프레젠테이션

설득형 프레젠테이션(*2W-FHR-SE*)의 목적은 청중을 설득시키기 위한 것으로, 논리적 전개가 필수적이다. 이것은 청중을 설득시켜 특정한 사안에 대해 무엇인가를 결정하도록 만드는 것이 목적이기 때문에 보통 사업 제안 시에 많이 쓰인다. 무엇보다 듣는 사람이 발표자의 말에 동의할 수 있게 의견이나 주장을 강하게 어필해야 한다. 그러기 위해서는 관련 정보와 배경 지식을 폭넓게 연구하고, 청중의 성향을 면밀하게 파악해 두어야 한다.

설득형 프레젠테이션의 핵심은 핵심 포인트와 객관성 있는 근거의 제시이다. 핵심 포인트를 먼저 설명한 후에 이를 입증할 만한 근거와 사례를 제시하여야 설득력 있는 프레젠테이션이 된다. 논리와 감성의 균형 유지도 좋지만, 무엇보다 핵심 포인트의 정확한 강조가 중요하다. 나아가 구체적인 솔루션을 제시함으로써 향후 상대가 갖게 될 이익과 효용 가치를 정확히 전달할 필요가 있다. 특히 내·외부의 의사 결정권자인 경영진 또는 실무자를 설득시킬 때 많이 사용된다.

논리적인 전개가 필요한 프레젠테이션에는 주제가 있다. 문제를 제시하고 대안이나 해결 방안을 제공하는 내용 또는 목표와 전략, 그에 따른 계획 등을 좀 더 체계적으로 설명해야 한다. 무엇보다 논리적인 구조로 발표 내용을 풀어갈 때 사용한다.

- 첫째, 둘째, 셋째, 다음으로, 마지막으로
- 제가 소개드리고 싶은 첫 번째 포인트는 ~입니다.

의제를 확실하게 구분해 주므로 본문 설명이 길어질 경우에 사용하면 효과적이다.

프레젠테이션을 할 때 효과적인 비교 방법은 시장에서 가장 경쟁력 있는 상품과 유사점 및 차이점을 비교·설명하면서 자사 제품이 기능과 가격 면에서 손색이 없음을 먼저 강조하는 것이다. 그리고 나서 경쟁사의 기존 상품과 비교해서 탁월한 차이점을 강조한다.

- 저희 상품은 경쟁사의 상품과 많은 점에서 다릅니다.
- 마찬가지로 A는 많은 점에서 B와 다릅니다.

- A와 B 사이에는 몇 가지 차이점이 있습니다.
- A는 B와 유사합니다.
- A는 몇 가지 점에서 B와 유사합니다.

어떤 점에서 유사하거나 차이가 있는지를 설명하면서 구체적으로 비교·분석할 때는 설명하고자 하는 상품이나 아이디어의 우월성을 강조하는 것이 포인트이다.

- A는 ~라는 점에서 B와 다릅니다.
- A와 B를 비교해 보면, ~ 와 비교했을 때 이렇습니다. 그래서 비교가 안 됩니다. 혹은 저희 A가 훨씬 우월합니다. 또는 효과적입니다.

예)

- 인건비와 소비자 물가는 몇 가지 공통점이 있습니다.
- 국내 제조 시설과 중국 공장을 비교해 보면 국내 제조 시설의 이윤이 더 높다는 것을 알게 될 것입니다.
- 우리 회사의 제품을 다른 경쟁사와 단순 비교할 수는 없습니다.
- 매출과 이윤을 비교해 보면 우리의 생산력이 얼마나 급속도로 증가해 왔는지 쉽게 알 수 있습니다.
- 저희의 잠재 능력은 경쟁사들과 비교가 안 됩니다.

Sample

안녕하십니까. 오늘 ○○○주식회사의 ○○○사업 제안을 발표하려고 합니다. 먼저 이 사업 제안을 발표할 수 있도록 기회를 마련해 주신 여러분께 감사드립니다.

그럼 이제부터 준비한 프레젠테이션을 시작하겠습니다.

저는 이번 사업을 총괄하고 있는 ○○○주식회사 ○○○부서의 총괄이사 ○○○입니다. 저는 IoT 사업을 총괄하고 있으며, 귀사의 새로운 핵심 솔루션을 제안토록 하겠습니다.

저희는 혁신에 대해 생각할 때마다 전화기를 발명한 알렉산더 그레이엄 벨이 떠오릅니다. 벨은 전선을 이용해 음성 신호를 멀리 전달하는 자신의 발명이 훗날 공기 속을 흘러 다니며 전 세계를 하나로 연결해 주는 수많은 음성과 데이터 신호가 될 줄은 상상도 못했을 겁니다. 여러분, ○○○사업을 벨이 이루어낸 혁신처럼 만들어 가겠습니다.

○○○사업은 무선 데이터 통신용 고급 시스템을 설계하고 개발해서 판매합니다. 저희 네트워크는 빠른 속도와 높은 대역폭으로 시장에서 가장 신뢰할 수 있는 혁신적인 데이터 통신 트랜지스터로서 경쟁력에서 차별화됩니다. 또한 저희는 고객 중심이라는 점에서 경쟁사와 다릅니다. 국내 시장의 주요 유통망을 통해 직접 판매되며, 24시간 무료 고객 서비스에 중점을 두고 있습니다.

주력 사업 소개

지난 몇 년간 회사의 주력 사업이 어느 분야에 집중해 왔는지를 설명한다. 또한 앞으로 바뀌게 될 주력 사업이 어느 분야일 것인지 미리 알려 주는 것도 효과적이다. 회사의 주력 사업이 설립 이래 지금까지 한결같았다면 해당 주력 사업의 성장 동력이나 핵심 사업에 대해 설명해 준다. 또한 성장률 및 시장 점유율도 설명한다. 주력 사업이 바뀐 경우에는 새로운 주력 사업의 잠재적인 가치 등을 각종 자료를 통해 설득력 있게 제시한다.

먼저 프레젠테이션은 세 부분으로 이루어져 있습니다. 먼저 회사 소개를 해드릴 것이며, 다음으로 주요 사업 수행 실적을 설명드리겠습니다. 마지막으로 핵심 사업 제안을 요약해 드릴 것입니다. 본 프레젠테이션은 약 15분 정도 소요될 예정이며, 나머지 시간에는 여러분의 질문을 받도록 하겠습니다.

그럼 이제 첫 번째 회사를 소개하면서 프레젠테이션을 시작하겠습니다.

회사 소개

회사 소개를 할 때는 회사의 설립 동기와 주요 성장 동력, 대표자의 약력과 경영 철학 등은 기본적으로 파악하고 있어야 한다. 구태의연하게 회사 연혁을 베껴 읽는 실수를 해서는 안 된다. 회사의 특정 사업 중에서도 설립 동기가 될 만한 에피소드, 성장의 계기가 된 일화 등을 재미있게 설명해 준다. 대표자의 약력이나 경영 철학 등은 회사의 비전을 보여줄 수 있는 내용에 한정해서 선택적으로 소개한다.

○○○사업은 현재 호주 시드니에서 운영되고 있습니다. 약 100명의 직원이 연구 개발, 마케팅, 고객 지원, 행정 업무에 전력을 다하고 있습니다. ○○○은 서로 다른 3개의 사업 분야에서 대규모의 고객층에게 가치 서비스를 제공하고 있습니다. 저희는 대규모 연구 개발 투자를 통해 기술적으로 향상된 서비스를 제공하고, 경쟁사보다 더 많은 수익을 안겨드릴 것을 확신하고 있습니다. 사업을 개시한 첫 해에는 연매출 1만 달러, 그리고 5년 내에 4천 8백만 달러까지 매출을 끌어올릴 예정입니다.

성공 사례와 핵심 상품 및 서비스

회사의 업적이나 성공 사례는 회사 연혁을 설명할 때 간략하게 언급한 뒤, 관련 사항들을 강조하면서 회사의 핵심 상품(혹은 효자 상품) 및 서비스와 연계해서 설명한다. 성공 사례는 너무 과장하거나 겸손해 하지 않는 태도로 솔직하고 자신감 있게 설명하는 것이 좋다. 이때 기사나 통계 자료를 적극적으로 활용하는 것도 좋은 방법이다. 핵심 상품은 지난 몇 년간 실적이 좋은, 시장에서도 잘 알려진 히트 상품들을 몇 개 선정하여 회사의 기반이 단단하며 획기적인 기술 개발을 바탕으로 한 상품화 능력이 있다는 점을 강조해야 한다. 또한 꾸준한 상품 개발과 연구를 위해 기술 개발이나 기술 도입 분야에서 끊임없이 연구한다는 면모를 보여주면서 신뢰감을 얻는 게 중요하다.

해외 사업이 있을 경우

청중이 외국 투자자이거나 공동 사업을 함께할 외국 기업일 때는 회사의 국제적인 시장성 및 경쟁력을 강조할 필요가 있다. 그리고 수출 무역의 로드맵(Road Map: 어떤 일의 기준과 목표를 만들어 놓은 것)이나 현황을 설명할 때는 당연히 미국 달러를 기준으로 해야 한다. 각종 연구 결과와 통계 자료 및 시장성 예측 전망 같은 자료들 역시 가능하다면 국제적으로 통용되는 이론을 참고해서 작성하는 것이 더욱 효과적이다. 특히 한국적인 경제 관념에서 해석하기보다는 해외 시장이라는 특수성을 감안해 현지화된 개념 및 시장성에 중점을 두어야 한다.

저희는 주요 도시에 위치해 있으며 업계 최고의 연구진을 보유하고 있습니다. 무엇보다도 가장 중요한 점은 저희의 시초 상품들이 다양한 제품들로 응용·개발될 수 있다는 사실입니다. ○○○은 다양한 기술을 확장할 수 있는 탄력성이 있습니다. 또한 저희의 주력 사업은 빠르게 성장하고 있다는 점입니다. 그리고 저희의 신기술은 귀사의 사업 분야에 사용될 수 있는 추가적인 가능성도 가지고 있습니다. 저희가 주력하는 사업 분야의 성장이 치열한 경쟁을 유발할 수도 있다는 문제에 대해서도 걱정하고 있습니다. 그러나 저희의 혁신 기술은 그렇게 쉽게 모방할 수 있는 것이 아니라고 생각합니다.

다음으로는 핵심적인 사업 제안을 드리겠습니다. 첫째, 둘째, 셋째 ~할 것입니다. 또한 인적 자원에 좀더 집중하고 사업의 성공적 수행을 위해 최선을 다할 것입니다.

요약해 드리면 ○○○사업은 귀사에 매출 증대와 비용 절감이라는 두 마리 토끼를 안겨드릴 것입니다. 그리고 저희의 의지도 분명합니다. 저희의 신기술을 통해 저희는 고속 무선 데이터 통신 분야의 시장 선두 주자로서, 귀사의 사업을 성공적으로 실현시킬 수 있습니다.

시간을 내 관심 가져 주셔서 감사드립니다. 그럼 이제 여러분께 질문하실 수 있는 시간을 드리겠습니다.

제3절

정보 전달형 프레젠테이션

    정보 전달형 프레젠테이션(W-FHR)의 목적은 청중에게 정보를 효과적으로 전달하는 데 있다. 따라서 전체적인 상황을 효과적을 전달할 수 있는 설명 전개가 필요하다. 신제품 발표나 마케팅 계획, 예산 보고, 학술 관련 세미나를 할 때 많이 쓰이는 프레젠테이션이다. 그렇다고 해당 주제에 관련된 지식을 욕심껏 모두 쏟아 부어서는 안 된다. 청중이 알고 싶어 하는 사실이 무엇인지? 청중이 무엇을 원하는지를 잘 파악해서 거기에 필요한 정보를 효과적으로 제공할 수 있어야 한다.

    핵심 포인트에 관한 설명이 누락되거나 내용이 중복되지 않도록 정보를 나누어 그룹핑하여 제한된 시간 내에 내용을 명확하게 하여 이해하기 쉽게 설명하는 프레젠테이션이다. 그러기 위해서는 산재된 정보를 그룹핑(Grouping)하여 구조화할 필요가 있다. 무엇보다 발표자의 생

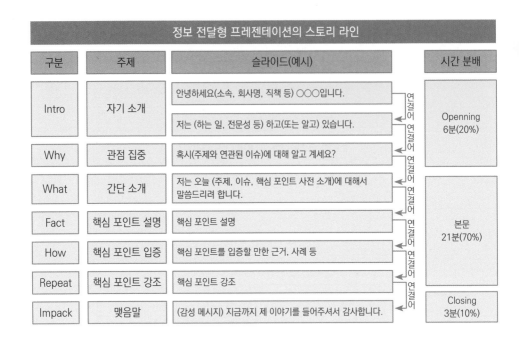

각이나 제품 또는 서비스에 대한 설명을 잘해야 한다.

Sample

　안녕하십니까. 여러분 ○○○ 신제품 발표회에 오신 것을 환영합니다. 오늘 이렇게 여러분 앞에서 발표를 할 수 있게 되어 기쁘게 생각하며, 이제부터 발표회를 시작하도록 하겠습니다. 먼저 제 소개를 드리면 저는 ○○○부서의 총괄이사 ○○○입니다.

　저는 오늘 여러분에게 ○○○에 관해 간략하지만 빠짐없이 소개해드릴 것입니다.

마케팅 계획 프레젠테이션

마케팅 계획은 실무에서 많이 사용되는 프레젠테이션 주제 중 하나로 주로 업무 내용을 보고하는 형태이다. 사내에서 동료나 상사를 대상으로 하는 경우가 많다. 따라서 편안하고 자연스러운 태도로 전문 용어를 사용해 다양한 자료와 수치에 근거한 계획을 제안하는 것이 좋다.

첫 번째로 기업의 회계연도와 목표를 명확히 제시해준다. 기업의 목표란 단순하게 말하면 기업이 달성하고자 하는 성과라고도 할 수 있다. 또한 명확한 목표 설정과 함께 고려해야 할 것이 바로 고객 관리이다. 기업의 목표가 성취되기 위해서는 고객 관리 전략도 빠트려선 안 된다.

두 번째로 기업의 목표가 명확하게 규정되었다면 사업부의 목표, 각 부서의 목표 식으로 큰 부분에서 작은 부분으로 목표를 계층화해야 한다. 물론 부문별 목표는 추상적인 요소를 배제하고 구체적이고 실현 가능한 항목들로 설정해야 한다.

세 번째로 논의되어야 할 것은 프레젠테이션에서는 본론에 해당하는 부분으로, 사업 포트폴리오 구성 및 사업 단위별 경쟁 전략이다. 현재의 포트폴리오를 철저히 분석해 핵심 사업의 상대적인 시장 점유와 시장 성장성 등을 구체적으로 비교·제시한다. 시장 성장성에는 사업의 확대, 유지, 수확(결과), 정리, 철수 등의 전략이 모두 포함되어야 한다. 또한 시장 침투와 경쟁력 향상, 시장 및 상품 개발, 상품 다각화 전략 등의 성장 전략 개발에 대한 구체적인 설명도 필요하다.

여기에 덧붙여 전략 목표를 위해 각 팀이나 부서들이 해야 할 일과 부서 간의 유대 관계 또는 협의체 구성 등 협력을 도모할 수 있는 기능적인 전략 계획 등도 함께 제시하면 좋다.

시장 조사 프레젠테이션

시장 조사 프레젠테이션은 기본적으로 많은 설문 자료를 바탕으로 이루어지기 때문에 도표나 그래프, 통계 수치 등의 다양한 시각 자료가 동원될 수밖에 없다. 프레젠테이션 준비를 할 때는 각종 수치와 자료들을 일목요연하게 정리하여 될 수 있으면 간단하게 표현한다. 그리고 모든 설문 조사 결과를 일일이 나열할 필요는 없다. 특히 중요한 부분이나 예상 밖의 결과에 초점을 맞추어 프레젠테이션의 방향에 맞게 분석적으로 설명하는 것이 중요하다.

시장 조사 프레젠테이션은 대부분 고객의 선호도나 성향을 중요시하는 신상품 개발에 진행된다. 따라서 프레젠테이션의 결과에 따라 향후 정책이나 마케팅 계획을 조율하는 절차에 많은 영향을 끼치기도 한다.

시장 조사 프레젠테이션은 그 특성상 객관적인 자료를 바탕으로 하고 있지만, 단순히 각종 수치나 통계만을 무미건조하게 보여 주는 것에 그쳐서는 안 된다. 자료들을 면밀하게 분석하여 거기에서 제품이나 서비스의 시장성 및 수익성 등 감추어진 지표들을 이끌어내어 청중에게 설명할 수 있어야 한다. 나아가 통계, 설문지 등을 적극 활용하여 상품 기획 제안이나 잠재적인 미래 수익성 예측 등 발표자의 견해를 제시할 수도 있다. 물론 발표자의 견해를 뒷받침하기 위해 수치를 왜곡하거나 과장하는 일은 없어야 한다.

예산 관련 프레젠테이션

예산 관련 프레젠테이션을 할 때는 특정한 논리 전개 유형에 따라 진행하는 경우가 많다. 임원들이 미리 지정해 놓은 예산 계획에 따라 세부 사항을 맞추어가는 식이다. 이렇게 기업의 임원진이 계획이나 방침을 정한 뒤 그 실행을 하부 조직에게 지시하는 것을 톱다운(top-down) 방식이라고 한다.

하지만 예산 과정을 항상 이런 톱다운 방식에 맞출 필요는 없다. 프레젠테이션의 서론 부분에서는 톱다운 방식으로 미리 결정된 시나리오를 따라가다가, 중간 부분에서는 하부 조직에서 기획한 의견이나 전략 등을 임원진의 결정에 도입시키는 보텀업(bottom-up) 방식을 병행할 수도 있다.

제4절
문제 해결형 프레젠테이션

문제 해결형 프레젠테이션(2W-FRH-E)은 상대방이 과제에 대한 결론을 명쾌하게 이해할 수 있도록 설득하는 것으로, 주로 기업체에서 보고형으로 많이 쓰인다. 현황을 분석하여 문제점을 도출한 후 철저한 원인 분석을 통해 해결 방안을 찾아야 한다. 그리고 그 해결 방안을 택했을 때 얻게 될 기대 효과도 논리적으로 전개하여 리더(leader) 또는 의사 결정권자를 설득해야 한다.

해결 방안은 한 가지만이 아닌 여러 가지 가능성 있는 안을 함께 제시함으로써 최종 리더 또는 의사 결정권자의 결정에 도움이 되도록 해야 한다. 이때 중요한 것은 그 안을 택했을 때 얻게 되는 기대 효과, 즉 미래의 청사진을 정확히 제시해야만 리더 또는 의사 결정권자가 합리적인 결정을 할 수 있다.

회사 내, 외부 현안 사항 또는 이슈 사항에 대한 프레젠테이션

리더 또는 의사 결정권자의 현안 문제 해결에 도움이 될 수 있어야

한다. 현황 문제점-원인 분석-해결 방안-기대 효과의 논리적인 구성

이 핵심이다. 문제 해결형은 논리적 설득이 중요하기 때문에 미사여구

사용을 자제해야 한다.

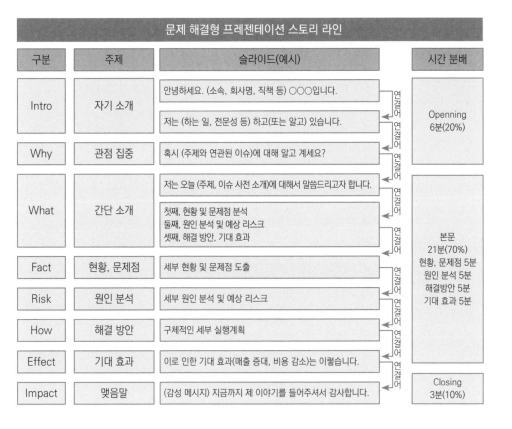

구분	주제	슬라이드(예시)	시간 분배
		문제 해결형 프레젠테이션 스토리 라인	
Intro	자기 소개	안녕하세요. (소속, 회사명, 직책 등) ○○○입니다.	Openning 6분(20%)
		저는 (하는 일, 전문성 등) 하고(또는 알고) 있습니다.	
Why	관점 집중	혹시 (주제와 연관된 이슈)에 대해 알고 계세요?	
What	간단 소개	저는 오늘 (주제, 이슈 사전 소개)에 대해서 말씀드리고자 합니다.	본문 21분(70%) 현황, 문제점 5분 원인 분석 5분 해결방안 5분 기대 효과 5분
		첫째, 현황 및 문제점 분석 둘째, 원인 분석 및 예상 리스크 셋째, 해결 방안, 기대 효과	
Fact	현황, 문제점	세부 현황 및 문제점 도출	
Risk	원인 분석	세부 원인 분석 및 예상 리스크	
How	해결 방안	구체적인 세부 실행계획	
Effect	기대 효과	이로 인한 기대 효과(매출 증대, 비용 감소)는 이렇습니다.	
Impact	맺음말	(감성 메시지) 지금까지 제 이야기를 들어주셔서 감사합니다.	Closing 3분(10%)

기타 상사의 수명 사항에 대한 보고 프레젠테이션

상사의 수명 사항에 대한 보고는 상사가 무엇을 알고 싶어 하는지를 분명히 파악할 필요가 있다. 그 다음에는 목적이 무엇인지, 사업 확장인지, 재검토인지 등을 분명히 하고 원인과 문제점에 대해 도출하고 그에 따른 세부적인 해결 방안을 수립해야 한다.

Sample

안녕하십니까. ○○○부서의 ○○○ 기획 담당자 ○○○입니다.

오늘 저는 ○○○에 대해 말씀드릴까 합니다. 이 보고는 ○○○ 상무님의 요청으로 최근 개발된 것입니다. 또한 본 프레젠테이션의 목적은 ○○○전략을 수립하여 ○○○사업의 문제점을 극복하는 것으로 이를 통해 시장 선점과 매출 신장을 하고자 합니다.

오늘 프레젠테이션의 핵심은 종합적인 ○○○사업을 전개하기에 앞서 현황과 문제점을 살펴보고 이 문제점을 극복할 수 있는 방법을 찾아보는 것입니다. 본 발표 시간은 약 10분 정도로 예상되어 있으며, 그 후 20분 동안 질의 응답 시간을 갖도록 하겠습니다.

제5절

연설형 프레젠테이션

연설형 프레젠테이션(2W-FH)은 주로 CEO들이 다른 직원들에게 도움이 될 만한 내용을 전하고자 할 때 사용한다. 무엇보다 시간을 짧게 하는 것이 중요하다. 전달하고자 하는 메시지를 정한 후 그 메시지를 이야기를 통해 전달한다. 그리고 그 이야기의 주인공은 연설자나 프레젠터면 좋다. 대부분 젊은 시절부터 고생해 온 내용 중에 전달하고자 하는 메시지와 일치하는 내용을 택하면 좋다. 논리보다는 감성적으로 신뢰를 얻을 수 있다.

Sample

안녕하세요. 포기하지 않는 삶을 가진 남자(CEO) ○○○입니다.

여러분 혹시 전 세계에서 우리나라의 자살률이 몇 %인지 알고 계세요? 우리나라가 OECD 국가 중 1위라고 합니다. 정말 놀랍죠?

네. 오늘 제가 아무것도 없는 황무지 같은 곳에서 다시 살아난 생생한 제 삶에 대한 이야기를 들려드리고자 합니다.

저는 (언제, 무엇을) 포기하고 싶었습니다. 그렇게 된 계기는 다음과 같습니다. 저는 처음 △△라는 회사를 운영하고 있었습니다. 처음 아무것도 없이 시작한 제 회사는. . . (포기하게 된 동기, 갈등을 묘사, 회사의 큰 위기 등, 그리고 그 위기와 어려움을 극복한 여러 가지 생생한 사연들, 그래서 다시 일어설 수 있었다는 것과 그 안에서 배우고 느낀 점, 삶의 변화 등)

지금은 제 삶이 너무 행복하고 소중합니다. 그리고 제 회사를 사랑해 주시는 소중한 제 고객들 없이도 살 수 없습니다. . . 앞으로 저는. . . (이야기 결론 강조와 함께 청중에 대한 메시지 전달)

여러분도 끝까지 포기하지 마세요. 포기하지 않는 삶은 아름답습니다. 지금까지 제 이야기를 들어주셔서 감사합니다.

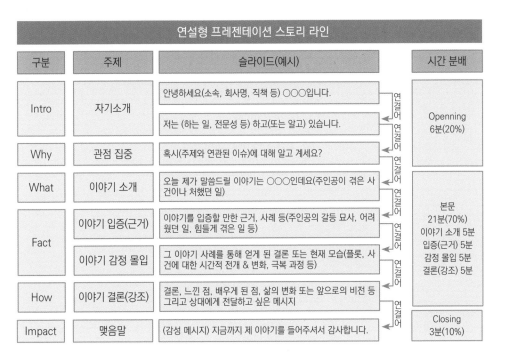

구분	주제	슬라이드(예시)		시간 분배
Intro	자기소개	안녕하세요(소속, 회사명, 직책 등) ○○○입니다.	연결어	Openning 6분(20%)
		저는 (하는 일, 전문성 등) 하고(또는 알고) 있습니다.	연결어	
Why	관점 집중	혹시(주제와 연관된 이슈)에 대해 알고 계세요?	연결어	
What	이야기 소개	오늘 제가 말씀드릴 이야기는 ○○○인데요(주인공이 겪은 사건이나 처했던 일)	연결어	본문 21분(70%) 이야기 소개 5분 입증(근거) 5분 감정 몰입 5분 결론(강조) 5분
Fact	이야기 입증(근거)	이야기를 입증할 만한 근거, 사례 등(주인공의 갈등 묘사, 어려웠던 일, 힘들게 겪은 일 등)	연결어	
	이야기 감정 몰입	그 이야기 사례를 통해 얻게 된 결론 또는 현재 모습(플롯, 사건에 대한 시간적 전개 & 변화, 극복 과정 등)	연결어	
How	이야기 결론(강조)	결론, 느낀 점, 배우게 된 점, 삶의 변화 또는 앞으로의 비전 등 그리고 상대에게 전달하고 싶은 메시지	연결어	
Impact	맺음말	(감성 메시지) 지금까지 제 이야기를 들어주셔서 감사합니다.	연결어	Closing 3분(10%)

연설형 프레젠테이션 스토리 라인

제6절
논리적 글쓰기

논리적 글쓰기는 프레젠터가 전달하고자 하는 메시지를 상대방이 알기 쉽도록 논리적으로 작성하여 설득하기 위함이다. 논리적 글쓰기를 위해 프레젠테이션을 누락이나 중복 없이 MECE*(Mutually Exclusive Collectively Exhaustive)* 구조로 작성한다.

프레젠테이션을 스토리 라인을 통해 작성했다면 알기 쉽게 구조화해서 전달해야 한다. 이를 위해 프레젠터는 그 정보를 먼저 이해해야 한다. 프레젠터가 이해하지 못한 상태에서는 아무리 좋은 내용도 효과적으로 청중에게 전달할 수 없으며 청중도 정보를 이해하고 기억할 수 없기 때문이다. 논리적 글쓰기를 통해 논리적인 구조로 프레젠테이션을 작성했다면 이를 머릿속에 구조화해야 한다.

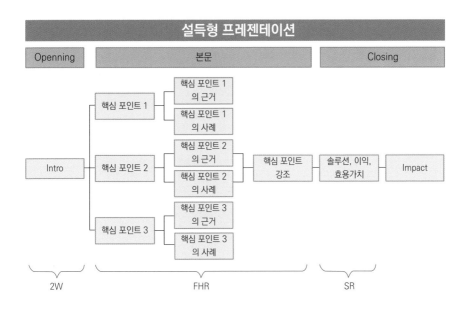

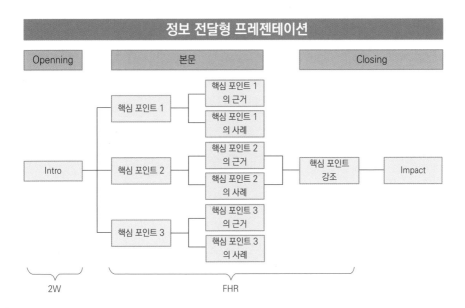

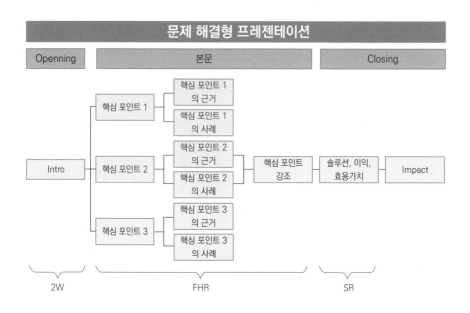

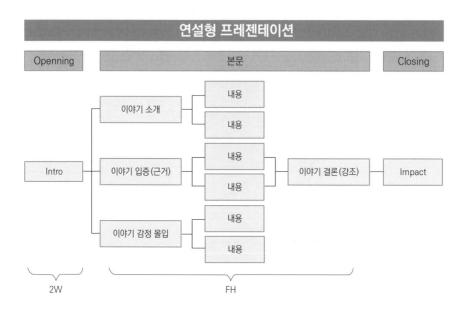

Part 6

상대의 마음을 흔드는 기술

제1절

청중과의 소통은 프레젠테이션 전에 시작된다

프레젠테이션에서 가장 중요한 것은 바로 청중과의 소통이다.

'어떻게 하면 프레젠테이션을 잘할 수 있을까?'

'어떤 프레젠테이션이 성공한 프레젠테이션일까?'

이 두 가지 질문에 대한 해답 모두 청중이 쥐고 있다.

프레젠테이션이 어려운 이유는 뭘까? 사람들 사이의 대화는 쌍방향 커뮤니케이션인데 반해 프레젠테이션은 단방향이기 때문이다. 대화를 할 때에는 누군가 먼저 이야기를 꺼내고 그에 맞춰 상응하는 이야기를 풀어나가면 되지만, 프레젠테이션을 할 때에는 발표자가 청중을 향해 일방적으로 이야기를 해야만 한다.

그렇다면 어떻게 해야 이 어려움을 극복할 수 있을까? 그 비결은 단방향 커뮤니케이션을 쌍방향으로 바꾸는 것이다. 지금부터 그것을 가능하게 하는 기술들을 소개한다.

먼저 청중과의 소통은 프레젠테이션을 하기 전에 시작된다. 청중들과 눈을 맞추고, 미소 짓고, 발표자의 모습을 각인시킨다. 이 정도만 해도 변화를 불러일으킬 수 있다. 그 다음으로는 프레젠테이션의 스토리가 좋아야 하고, 프레젠터는 보디랭귀지와 목소리를 통해서 그것을 잘 전달해야 한다.

프레젠터는 발표를 하는 도중에도 청중과 소통하고 있다는 것을 현장에서 느낄 수 있다. 예를 들어 프레젠터가 슬라이드를 넘기는 순간 청중 모두가 현장에서 받은 유인물을 넘기거나, 고개를 위아래로 끄덕이거나, 무엇을 적고 있다거나, 진심에서 우러나오는 박수를 보낸다. 청중과 소통하고 있다고 느낄 때 프레젠터는 더욱 자신감을 얻을 수 있고, 프레젠테이션의 성공을 예감하게 된다.

제2절

프레젠테이션에 열정을 담자

불타오르는 열정과 자신감은 프레젠테이션을 살아 움직이게 만드는 중요한 원동력이 된다. 프레젠터의 온몸에서 뿜어져 나오는 에너지는 청중을 사로잡게 되고, 청중은 자신도 모르는 사이에 프레젠터에게 강한 신뢰감을 가지게 된다. 그렇게 때문에 프레젠터는 청중의 마음을 움직이고, 결국 설득시키고 말겠다는 불타오르는 열정을 항상 가슴에 품고 있어야 한다.

프레젠테이션 현장은 긴장되는 자리이기 때문에 평소 밝고 잘 웃는 사람도 낯빛이 어두워지거나 딱딱해질 수 있다. 그럴수록 밝고 여유 있는 미소와 생동감 있는 표정, 자신감 있는 표정이 유지해야 한다. 프레젠터의 낯빛이 어두워지면 어두워질수록 청중도 함께 불안해하기 때문이다. 그로 인해 청중의 표정이 굳게 되면 발표자는 더욱 불안해진다. 그러므로 밝고 생동감 있는 표정을 연출해야 하는데, 생각만큼 쉽지 않다.

그렇다면 어떻게 해야 낯빛이 굳는 것을 예방할 수 있을까? 방법은 간단하다. 발표 내용에 감정을 실으면 된다. 그러기 위해서는 우선 내용을 완벽히 이해하고, 그 내용에 최대한 집중해서 발표하면 내용에 자연스럽게 감정이 실리게 되고, 목소리 역시 당당해지며 프레젠터의 열정과 자신감을 자연스럽게 표현할 수 있게 된다. 낯빛은 열정과 자신감으로 가득 차게 되며 어느새 손과 팔도 함께 그 내용을 표현하려 애쓰게 될 것이다. 이처럼 감정을 싣게 되면 자연스럽게 낯빛은 생동감 있게 되며, 보디랭귀지가 자연스럽게 이어진다.

'열정'과 '감정'은 청중과 소통하는 한 방법이다. 살아온 문화, 처한 환경에 관계없이 열정과 감정만으로도 사람들은 서로 공감할 수 있다. 왜냐하면 감정은 세계 어디서든 통하는 언어이기 때문이다. 우린 모두 슬픔, 행복, 놀람, 흥분 등 공통된 감정을 가지고 있다. 하지만 사람들은 공식적인 연설에서 이 감정들을 표현하지 않으려고 한다. 법정에 선 변호사들, 주주들 앞에 선 CEO들, 청중에게 연설하는 정치인들은 공식적인 자리에서 말할 땐 감정을 담지 않는다. 그건 자신의 감정이 다른 사람에게 드러나는 걸 두려워하기 때문이다. 그럼에도 불구하고 많은 연구 결과를 보면 사람들은 감정을 통해 소통한다고 한다. 따라서 감정은 우리에게 꼭 필요하다. 그리고 사람들과 소통하기 위해서는 이야기에 감정을 실어 전달해야 한다.

제3절

오프닝은 프로페셔널하게

자신감을 상실하게 되면 오프닝 멘트부터 변명이 나오게 된다. '제가 지금 너무 떨려서', '제가 프레젠테이션 경험이 부족해서', '시간 관계상 준비가 부족해서' 등. 청중은 이 말을 듣는 순간 프레젠테이션에 대한 수준을 짐작하게 된다. 굳이 설명을 듣지 않아도 알 만한 뻔한 내용만 늘어놓고 수준있는 기술적 설명에서는 얼버무리거나 불필요한 말을 꺼낸다. 청중은 '지금 발표하고 있는 프레젠터는 과연 전문가일까?' 혹은 '내용을 제대로 알고 프레젠테이션을 하고 있는 걸까?'라는 의문을 가지게 된다. 심지어 프레젠터마저 얼른 끝내고 싶어 하는 표정과 행동을 나타나는 경우 청중의 신뢰도는 급격히 하락한다. 설상가상으로 틀린 발음 또는 스펠링의 전문 용어를 사용하는 경우 청중은 한숨을 쉬며 아예 고개를 돌려 버리게 된다.

오프닝에 실패하면 프레젠터의 자신감은 급격히 떨어진다. 그리고 청중도 처음에 가졌던 프레젠테이션에 대한 기대를 접게 되고, 점점 집중하지 않게 된다. 반대로 프로페셔널한 오프닝으로 청중에게 호기심을 끌고 관심을 얻으면 청중의 반응은 긍정적으로 변하게 되고, 발표자 역시 청중의 호응에 힘입어 더욱 자신감 있는 프레젠테이션을 할 수 있게 된다.

오프닝은 이처럼 전체 프레젠테이션에 영향을 주는 중요한 부분이라고 할 수 있다. 오프닝의 긴장을 극복하고 싶다면 오프닝에 30퍼센트 정도의 중요성을 할당하고 훈련한다. 긴장이 많은 발표자일수록 오프닝에 훈련을 집중한다면 실전에서 훨씬 편안하게 진행할 수 있을 것이다.

오프닝은 프레젠터가 처음 프레젠테이션 장소의 문을 열고 들어간 순간부터 시작된다. 입장하는 순간에는 인사도 신경써야 한다. 프레젠터는 회의실에 입장하는 순간 현장의 생생한 느낌을 온몸으로 받게 된다. 프레젠테이션 회의실은 청중들로 가득 차 있고 모든 이목이 프레젠터에게 집중되기 때문에 순간 당황하고 긴장할 수 있다. 그 순간 프레젠터는 당황하여 머뭇거리거나 땀을 닦는 행동을 해서는 안 된다. 미리 목표 지점을 점찍어 둔 후에 머뭇거림 없이 그곳을 향해 자신감 있는 발걸음으로 천천히 걸어가야 한다. 목표 지점에 도착했다면 청중을 한번 살핀다. 이때 처음 청중을 마주하기 때문에 심장이 떨리고 긴장될 것이다. 첫 장에서 말했듯이 자동적으로 떠오르는 생각이 중요하다. 현재 상황을 어떻게 지각하느냐에 따라 생각과 감정을 바꿀 수 있으며 결국 행동까지 바꿀 수 있다. 그렇기에 긍정적인 마음가짐을 가지도록 노력한다.

어느 정도 마음을 가다듬은 후에 자신감 있는 목소리로 "이제 프레젠테이션을 시작해도 되겠습니까?"라고 청중을 향해 이야기한다. 그러면 대화를 하고 있거나 다른 생각을 하고 있던 청중들이 일제히 당신을 볼 것이다. 이때 다시 한 번 긍정적인 생각을 한다. '청중이 내 목소리를 좋아할 거야.', '내 발표에 관심을 갖게 될 거야', 그리고 '프레젠테이션이 끝나면 모두들 박수와 함께 좋은 평가를 할 거야.'라고.

이제 청중을 향해 인사를 한다. 인사를 할 때는 배에 힘을 주고 우렁차고 자신감 있게 한다. 허리를 30도 정도 굽히며 인사를 한 후에 인사말을 한다. 이때 미소를 잃지 않도록 주의한다.

제4절

본 발표 시의 주요 기술

결론 먼저, 부연 설명은 뒤에

중구난방으로 이것저것 늘어놓으면 청중이 프레젠터를 따라가지 못한다. 전체적인 내용이 연결되지 않는 것은 물론 프레젠터도 내용을 서로 연결시킬 능력이 없는 경우를 종종 볼 수 있다. 다른 사람이 만든 PPT를 가지고 프레젠테이션을 할 때 흔히 볼 수 있다. PPT의 페이지를 넘기다가 '이 페이지는 뭐지?', '이게 여기 왜 들어와 있지?' 하고 일순간 정적이 발생하게 되면, 프레젠터도 불안하고 청중도 집중력을 잃게 된다. 그러면 프레젠테이션은 어느새 미지의 세계로 빨려 들어가게 된다.

발표자는 항상 "내가 하고 싶은 말의 3분의 1도 못했다."라는 탄식을 많이 한다. 결국 내가 하고 싶은 말을 다 못 해서 아쉬워하며 푸념을 남긴다. 이런 결과를 조금이나마 방지하려면 프레젠테이션은 언제나 결론부터 말하는 두괄식이어야 한다. 결론부터 말하고 부연 설명이 뒤에 따라줘야 한다. 그래야 메시지를 효과적으로 전달할 수 있으며 청중도 쉽게 이해할 수 있다.

하지만 처음부터 두괄식으로 말하기는 무척 어렵다. 숙달을 위해서 세 줄에서 다섯 줄 정도의 짧은 문장으로 정리해서 발표하는 연습을 반복하는 것이 좋다. 핵심 요약은 문장이 아닌 핵심 단어의 나열에 그쳐야 한다. 문장으로 정리할 경우 토씨와 서술어까지 외우기란 무척이나 어렵다. 특히 중간에 내용을 잊어버리면 전체 내용에 영향을 미칠 수 있기 때문에 단어로 정리해서 간단히 결론을 먼저 이야기한 후 부연하여 설명을 이어나가는 것이 좋다.

표현은 구체적으로

구체적인 표현은 듣는 이로 하여금 신뢰감을 준다. 그러기 위해서는 애매모호하거나 두루뭉술한 표현을 삼가자. 청중은 숫자에 약하다. 숫자로 표현된 자료는 청중들에게 보다 확신을 주며 프레젠터를 전문가로 보이게 한다. 예를 들어 "영업 생산성이 낮다.", "영업 사원들이 근무 시간에 근무를 태만하다.", "그로 인해 영업 생산성이 낮아지고

있다."라는 표현보다는 "영업 생산성이 전년 대비 15% 감소하였다.",
"영업 사원들의 근무 시간이 기존 9시간에서 8시간으로 줄어들었으며,
이로 인해 영업 생산성 저하와 매출 5% 감소로 귀결되었다."라고 이야
기하는 것이 훨씬 더 확신을 준다. 그러나 "근로자들의 근로 시간을 더
연장시켜야 한다."라는 논지에 설득력을 부여할 수 있다. 설득력은 구
체적인 표현에서 얻을 수 있다는 것을 기억하자.

반복의 힘

중요한 내용은 '반복'을 통해 강조하고 각인시킬 수 있다. 어떤 프
레젠테이션을 할 건지 먼저 소개하고 그 내용을 자세히 말한 다음 다신
한번 반복 요약하여 마무리한다. 이것을 통해 청중들은 프레젠터가 주
장하는 내용을 더 많이 기억하게 된다.

거짓말도 반복되면 진실이 된다. 연설의 천재 괴벨스는 나치 독일
의 히틀러 밑에서 선전장관으로 활동했다. 그는 세 치의 혀로 대중을
설득했다. 대중을 상대로 선전 활동을 했던 괴벨스에게는 '거짓말을 진
실로 둔갑시키는 기술'이 있었다. 방법은 간단했다. 바로 반복이었다.
괴벨스는 다음과 같은 명언을 남겼다.

"대중은 거짓말을 처음에는 부정하고 그 다음에는 의심하지만, 되
풀이하면 결국에는 믿게 된다."

그의 반복하고 또 반복하는 연설법은 청중들이 품을 수 있는 연설자에 대한 의심을 없애고 오로지 믿게 만드는 힘이 있었다.

프레젠테이션의 청중도 마찬가지다. 설득력 있는 주장을 반복하다 보면 청중도 그 주장을 결국 신뢰하게 된다. 하지만 반복되는 메시지는 간단해야 한다. 길고 장황한 메시지는 청중에게 별 효과를 얻을 수 없다. 짧으면서 청중에게 확실히 각인시킬 수 있는 핵심 어구를 선택해야 한다.

장문보다는 단문으로

프레젠터는 문장 측면에서 장거리 선수보다 단거리 선수가 되어야 한다. 아무리 긴 내용도 단문을 쌓아 올려 구성해야 된다. 단문이란 한 단락을 이루는 문장을 말한다. 한 단락, 한 단락의 문장을 체계적으로 써 내려가면 그 내용은 훌륭해진다. 단문 작업에서 중요한 것은 복잡한 내용을 어떻게 단순화하느냐이다.

자신감 있는 문장을 사용하자

프레젠터가 "~인 것 같아요.", "~는, ~인데……"와 같은 확신 없는 말투를 쓴다면 아무리 발표 내용이 뛰어날지라도 발표자에 대한 신뢰를 떨어뜨려 우수한 프레젠테이션이라는 인상을 남기기 어렵다. 자신이 준비한 발표 내용에 확신을 가지고 문장의 마지막까지 확실하게 끝맺어야 한다.

"~이다.", "~라고 한다."와 같이 단언하는 말투는 발표자의 자신감을 드러내고 이는 발표 내용에 대한 청중들의 신뢰감을 높일 수 있다.

숫자를 활용하자

박 대리는 발표 시 숫자를 많이 활용하는 편이다. 일반적인 서술도 숫자를 넣으면 체계적이며 구조화되어 잘 이해되고, 기억도 잘되기 때문이다. 예를 들어 "총 3가지를 볼 수 있다." 혹은 "첫째는, 둘째는, 셋째는…"과 같이 숫자만 넣어도 체계적으로 말하는 것처럼 느껴진다. 서술적인 내용에 그저 숫자만 넣었을 뿐이지만 체계적인 구조처럼 느껴진다. 말과 비주얼은 뗄 수 없는 관계이다. 숫자를 활용하면서 손가락으로 표현까지 해준다면 청중은 쉽게 기억할 것이다.

직장에서 상사에게 보고할 때에는 미리 스크랩하여 정리해 두면 좋다. 직장 내에서 상사가 하는 질문이라곤 업무에 관한 얘기가 대부분이다. 미리 주 단위로 업무를 잘 정리해 두자. 만약 주간 보고를 정기적으로 하는 회사라면 주간 보고를 잘 정리해 두자. 그러다가 상사가 업무에 대해 추진 사항에 대해 질문하면, 작성한 것을 토대로 숫자를 넣어 상사에게 보고하면 된다. 그러면 상사는 매우 흡족해하며 일 잘하는 사람으로 인정할 것이다.

슬라이드는 커닝 페이퍼

프레젠테이션은 많은 준비와 연습이 필요하다. 그러나 이러한 프레젠테이션을 할 때 해가 되거나 없는 게 차라리 나은 것이 있다. 그것은 바로 스크립트(발표 원고)를 들고 무대 위에 오르는 것이다. 스크립트를 들고 발표장에 오르는 사람들의 변명은 한결같다.

"이게 없으면 내가 이야기하려는 내용을 다 말할 수 없을 것 같아."

가지고 올라가는 스크립트의 크기는 겨우 손바닥보다 조금 더 클 것이다. 이러한 종이 여러 장을 겹쳐 들고 무대 위에서 참고한다는 것은 불가능한 일이다. 오히려 한 손을 스크립트로 묶어둠으로써 보디랭귀지의 자유로움을 떨어뜨리는 효과를 낳을 뿐이다.

당신은 이미 거대한 스크립트를 가지고 있다. 바로 당신의 뒤에 투영되는 슬라이드이다. 당신이 만든 슬라이드는 발표장에 있는 그 누구보다 당신이 그 내용을 가장 잘 알고 있기 때문에 청중들보다 슬라이드를 바라보는 시간이 짧을 수밖에 없다. 그러므로 스크린은 발표자를 위한 커닝 페이퍼이다. 스크린을 보면서 이야기하는 것을 청중들은 좋아하지 않는다. 하지만 잠깐씩 스크린을 곁눈질하며 부족한 부분을 참고

한다면 청중들은 당신이 슬라이드를 보고 있다는 사실조차도 눈치챌수 없을 것이다.

당신은 이미 스크립트를 통해 발표 내용을 이해하고 머릿속에 구조화하였다. 막상 발표를 하게 되면 순간 이어질 부분이 기억나지 않을 수 있다. 이때 슬라이드를 잠깐 봄으로써 기억을 되살려가며 발표를 이어가면 된다.

질문으로 시작하고 질문으로 끝내자

프레젠터와 청중이 처음 만나면 낯선 사람들이 처음 만날 때처럼 어색하다. 그러므로 그 상태로 그대로 본론으로 들어갔다가는 청중의 호응을 얻기는커녕 외면받기 십상이다. 이때 주의를 끄는 가장 좋은 방법 중 하나는 청중의 호기심을 불러일으키는 것이다.

"여러분, 혹시 ○○○ 알고 있습니까?"

발표 내용과 관련된 이야기를 질문으로 던지면 청중들에게 생각할 기회를 주고 이목을 끄는 효과가 있다. 프레젠테이션을 진행하면서 질문을 많이 하는 것은 좋다. 굳이 청중이 대답하지 않더라도 프레젠터가 중요하다고 생각되는 부분은 스스로 질문하고 답변하면 되기 때문이다. 그렇게 프레젠터가 의도한 대로 발표를 이끌어가면 청중도 질문에 대한 답을 고민하면서 프레젠터가 원하는 방향으로 끌려오게 된다. 마지막으로 한 번 더 핵심 메시지를 강조하여 청중이 오래 기억할 수 있도록 하고 프레젠테이션을 마무리한다.

제5절

질의 응답의 함정

프레젠테이션을 평가할 때 큰 영향력을 끼치는 것은 바로 질의 응답이다. 평가는 제한된 시간에 이루어지므로, 평가자가 평가할 수 있는 시간이 짧을수록 프레젠테이션 요약과 질의 응답에 중점을 두고 평가하게 된다. 프레젠테이션은 단순하게 내용을 전달하는 것만으로는 부족하다. 원고를 암기해서라도 어느 정도 진행할 수 있지만 정작 전체적인 내용을 이해하지 못한다면 질의 응답 시간에 프레젠터는 답변을 거의 못하게 된다.

질의 응답 시 답변을 '함께 참석한 동료가 대신' 할 수도 있지만, 그렇게 되면 프레젠터는 답변할 사람을 주변에서 계속 찾게 된다. 다른 사람이 답변을 하는 동안 프레젠터는 자세 관리, 표정 관리가 안 된다. 청중은 '프레젠터가 도대체 왜 서 있을까?'라는 생각을 하게 되며, 앞에서 들었던 프레젠테이션 내용을 신뢰하지 못하게 된다. 최악의 상황은 곤란한 질문을 받았을 때 참석자 누구도 답변하지 않는 일시적인 소강 상태가 발생하거나 청중의 질문에 답변자들이 서로 다른 의견으로 논쟁을 일으키는 경우이다.

프레젠테이션을 진행할 때 가장 어려운 것이 포커페이스를 유지하는 것이다. 청중으로부터 곤란한 질문을 받을 때가 있다. 그러다 보면 자신도 모르게 표정이 심각해진다. 물론 포커페이스를 유지하라고 해서 진지한 표정만 하라는 것은 아니다. 진지할 때도 있지만 가끔 웃으면서 너스레를 떨기도 해야 한다. 포커페이스라고 하면 그냥 무표정한 것으로 착각하기 쉽다. 하지만 자연스럽고 가장 자신다운 얼굴이 포커페이스다. 신경 조직을 바꾸면서까지 무표정한 얼굴로 심각해지는 건 포커페이스가 아니다.

간혹 질의 응답을 하다가 언성이 높아지거나 흥분하는 경우를 종종 볼 수 있다. 그때는 '실패'의 예감이 든다. 청중은 빠른 판단력을 가졌다. 그리고 이해도도 높다. 왜냐하면 중요한 의사 결정을 위해 지금까지 집중했기 때문이다. 그러므로 프레젠터의 태도 변화에 따라 프레젠터의 약점을 금방 알게 된다. 발표자의 감정이 흔들리는 것을 본 청중은 더욱 더 강한 질문을 하게 된다.

프레젠테이션에 경험이 별로 없는 사람이라면 처음부터 끝까지 최선을 다해 답변하며 시종일관 진지한 모습을 보여 주는 것이 가장 좋다. 상대의 말에 진지하게 경청하고 또 대답해 줄 때 청중은 적어도 실망하지는 않는다.

프레젠테이션에서 청중은 긍정적인(positive) 청중과 부정적인(negative) 청중 그리고 둘 중 어느 쪽도 아닌(neutrality) 청중이 존재한다. 프레젠테이션을 할 때 내용과 관련 없이 프레젠테이션을 긍정적으로 보는 청중이 있는 반면에 부정적으로 보는 청중도 있고 아무런 반응이 없는 청중이 있다. 언제나 부정적인 청중은 존재하기 마련이다. 그렇기 때문에 부정적인 청중의 반응에 너무 신경 쓰지 말고 서운하더라도 마음속으로만 생각하고, 밖으로 표출해서는 안 된다. 내용이 아니라 프레젠터의 태도 때문에 어느 쪽도 아닌 청중이 부정적으로 변할 가능성이 있기 때문이다. 긍정적인 청중과 어느 쪽도 아닌 청중을 위해 자신감을 갖고 프레젠테이션을 하면 된다. 중요한 것은 부정적인 청중을 긍정적인 청중으로 바꾸려고 애쓸 필요는 없다는 것이다.

제6절
스토리의 중요성

스토리는 프레젠테이션보다 스피치할 때 매우 중요한 요소가 된다. 스토리를 통해 전달하면 연설문이나 원고를 읽을 필요가 없기 때문이다. 프레젠터가 스토리를 이용하면 감정을 표현하기가 보다 쉽고 청중들도 보다 쉽게 공감할 수 있다. "짧은 이야기로 시작하고자 합니다." 라는 멘트를 듣는 순간 모든 청중들이 프레젠터의 말에 귀를 기울이게 된다.

버락 오바마의 수석 연설 원고 작성자 존 파브로는 타임지에서 선정한 '세계에서 가장 영향력 있는 100인'에 뽑힌 인물이다. 그는 오바마 대통령이 자신의 감정을 잘 전달하게 하도록 그가 경험하고 느낀 것을 이야기처럼 담아냈다. 오바마는 그를 '독심술사'라고 불렀다. 그리고 그 내용은 물론 표현 방식까지 꼼꼼히 챙겼다.

청중들이 스피치에서 가장 좋아하는 부분이 바로 스피커가 '이야기로 말할 때'라고 한다. 우리는 본능적으로 이야기는 재미있고 좋은 것이라고 기억하고 있다. 부모님이나 할머니·할아버지 품에서 이야기를 들었을 때 따뜻함과 포근함을 느끼듯이 말이다. 발표자가 "오늘 제가 왜 이 자리에 있는지 이야기해드리겠습니다."라든가 "제 자신에 대해 얘기해보겠습니다."라고 한다면, 청중들은 바로 호응하고 관심을 보일 것이다.

이야기로 말하라는 또 다른 이유는 이야기야말로 설명이나 논설에 비해 감정을 싣기 수월하기 때문이다. 실제 경험하고 느낀 것을 말하기 때문에 감정 이입이 훨씬 쉽다. 예를 들어 부모님이나 가족과 관련된 이야기를 하다 보면 쉽게 감정에 휩쓸린다.

박 대리는 종종 자신의 할머니에 대한 이야기를 들려준다. 4남매 중 셋째였던 박 대리와 남매들은 어려서부터 할머니 손에서 자랐다. 할머니는 네 명의 손주들에게 리더십을 가르치려고 노력하신 분이었다.

박 대리가 여덟 살 무렵 할머니는 사 남매를 앉혀 놓고 말했다.

"너희들은 불평이 너무 많아. 그런데 아직 너희들이 모르는 것이 있어. 인생은 죽음이나 병보다도 더 큰 의미를 지니고 있단다. 인생은 정말이지 훗날 너희들이 남기게 되는 것들 그 자체야. 무엇을 후대에 전해줄 것인지, 너희가 존재했기 때문에 세상이 조금 더 나은 곳이 되었는지 하는 그런 것들 말이야. 너희는 그걸 신경쓰고 그걸 위해 노력해야 해."

할머니는 열정을 담아서 이것을 박 대리와 남매들에게 가르쳤다. 박 대리는 할머니의 말을 듣고 인생은 자신보다 훨씬 큰 것이라는 것을 깨달았고, 이것을 다른 사람에게도 알려야 할 책임을 느꼈다. 그래서 박 대리는 늘 스피치에서 지극히 평범하면서도 특별한 이야기를 들려주며 열정과 노력의 가치를 강조한다. 지금 당장이라도 어느 곳이든 가서 20~30분 동안 이런 이야기들로 스피치할 수 있다. 그리고 많은 사람들로부터 "할머니와 관련된 얘기가 너무 인상 깊었어요."라는 이야기를 듣는다.

필자가 여러분들에게 말하고 싶은 건 이것이다. 이야기로 소통하라. 그러면 당신의 감정과 열정을 훨씬 쉽게 보여줄 수 있다. 두려워하거나 수치심을 느껴서는 안 된다. 스피치하는 내내 당신의 감정을 다양한 방법으로 보여 주어라. 당신이 '슬프다'라는 단어를 말할 땐 정말 슬프게 들릴 수 있도록 하고, '기쁘다', '감격스럽다'라는 단어를 말할 땐 정말 기쁘거나 감격스럽게 들릴 수 있도록 감정을 실으면 어느새 상대와 진심으로 소통하고 있다는 것을 느끼게 될 것이다.

어떤 연설자가 무미건조하게 "오늘 이 자리에 서서 영광입니다. 여러분은 훌륭한 청중입니다."라고 말한다면 그건 누가 들어도 영혼 없는

소리라고 여길 것이다. 솔직한 이야기와 감정 표현만이 청중과의 소통
을 확실히 끌어낼 수 있다. 당신이 말하고자 하는 스피치와 관련이 있
는 개인적인 이야기를 감정을 실어 털어놓아라. 그러면 청중들은 당신
과 소통하고 있다고 느낄 것이다. 이렇게 감정은 사람들을 하나로 연결
시켜 준다. 인터뷰를 할 때도 마찬가지다. 경직된 채 가만히 앉아있지
말고 다양한 감정과 함께 생동감 있게 대답하라. 당신의 여러 감정을
함께 보여줄 수 있다면 스피치를 할 때 항상 청중들과 소통할 수 있을
것이다.

한편 연구 결과에 따르면 한 스피치에 여러 주제가 있으면 청중들
은 흥미를 잃는다고 한다. 그러므로 딱 한 가지 주제만 다루어야 한다.
청중의 기억은 아주 한정적이다. 많은 메시지보다는 한 가지 주제를 분
명하게 각인시켜야 한다.

청중은 완성된 요리 한 가지를 주어야 받아먹는다. 여러 가지 요
리 재료들을 준다고 해서 좋아하지 않는다. 도대체 "이걸 갖고 무얼 만
들라는 거야."라며 짜증을 낸다. 한 번에 여러 가지 요리를 주면 어느
것 하나도 맛있어 하지 않는다. 마치 뷔페에 다녀와서 "내가 뭘 먹었더
라." 하는 것과 마찬가지이다. 메시지는 완성된 요리와도 같다. 요리 재
료만으로는 청중이 이해하기 어렵다. 하나하나의 요리 재료에 대한 설
명이 없어도 완성된 요리만이라도 기억하게 만들어야 한다.

Part 7

보디랭귀지의 마력

제1절
보디랭귀지가 중요한 이유

대학생들이 가장 선호하는 연예인은 유재석이라고 한다. 그가 출연하는 모든 프로그램은 높은 시청률을 보장받는다. 프로그램에서 보여주는 그의 꾸밈없는 말과 행동들, 게다가 지금까지 한 번도 구설수에 오르지 않는 '바른 생활 사나이'의 이미지는 그를 계속해서 사랑받게 하는 중요한 요인이 되고 있다. 유재석은 겸손과 솔선수범 그리고 배려의 아이콘이다.

유재석은 온몸으로 배려하는 사람이다. 열정적인 에너지를 표현함과 동시에 웃음을 선사하는 큰 손동작, 곳곳에서 드러나는 유재석 특유의 배려와 매너는 유재석의 인기 요인 중 하나다.

의식하지 않아도 자연스럽게 드러나는 유재석표 보디랭귀지는 그의 매력을 더하고 있다. 오랜 시간 국민 MC 자리를 지키며 사랑받고

있는 유재석의 보디랭귀지는 관객의 눈빛을 보고 육감으로 느끼며 온
몸으로 공감한다. 특히 그의 반듯한 자세는 당당해 보이면서도 상대에
게 호감을 불러일으킨다.

제2절

바른 자세

발표에서 앞서 청중에게 하는 예의 바른 인사는 프레젠터의 첫인상과 호감도를 상승시켜 주는 중요한 요인이다. 목례보다는 30도 정도 허리를 굽히는 인사가 좋다. 인사와 인사말을 동시에 하지 않는다. 인사를 하고 난 후 우렁찬 목소리로 인사말을 하거나 자신을 소개하는 것이 훨씬 더 청중의 집중력을 높인다.

미소는 상대방에게 관심, 호감, 편안함과 같은 긍정적인 감정의 메시지를 전하는 아주 중요한 표현이다. 미소가 가득한 표정은 굳어 있는 표정에 비해 훨씬 수월하게 상대의 마음을 열게 하는 힘이 있다. 미소는 상대에게 여유 있어 보이고 '나는 당신에게 관심을 갖고 있다.'라는 인상을 전달한다. 반면에 감정이 없거나 굳은 표정은 상대에게 거만해 보일 수 있어 상대의 마음을 닫히게 할 수 있다. 또한 미소는 상대와의 대화에 내가 집중하고 있음을 나타낸다. 그리고 '나는 당신에게 호감이 있다, 관심이 많다.'와 같은 의미를 전달한다.

기본 자세

프레젠테이션을 할 때 의외로 어려운 것은 가만히 서 있는 자세이다. 대부분의 초보 프레젠터들은 가만히 서 있지 못하고 끊임없이 작은 움직임을 보인다. 마치 노를 젓는 듯 상반신을 앞뒤로 흔드는 동작을 취하거나, 발의 위치를 자주 옮기는 등의 작은 움직임들은 청중을 불안하게 만들고 집중하지 못하게 한다. 물론 프레젠터 자신은 알지 못하고 떨리는 마음을 극복하기 위해 나오는 자연스러운 행동일 뿐이다.

그러므로 동영상 녹화를 통해 자신의 자세가 어떠한지를 모니터링해 볼 필요가 있다. 기본 자세가 불안정하면 청중은 전체적인 프레젠테이션이 가볍다는 느낌을 받게 된다. 초보 프레젠터에게서 흔히 나타나는 몇 가지 잘못된 자세는 다음과 같다.

◇ 뒷짐을 지고 서 있는 자세

프레젠터 스스로가 편안한 자세를 찾다가 자주 취하는 자세이다. 뒷짐을 지면 자연스럽게 턱을 들게 되고 거만한 자세가 된다. 또한 보디랭귀지 자체가 불가능한 자세가 되며 청중이 보기에도 매우 불편해 보인다.

◇ 손을 앞에 모으는 자세

나름대로 겸손해 보이기 위해 주로 사용하는 자세이다. 하지만 손을 앞에 모으면 어깨와 등이 구부정해 보인다. 오히려 청중에게 궁색한 느낌을 주며 무엇보다 자신감이 없어 보인다.

◇ 손을 내리고 있는 자세

'차렷' 자세는 기본 자세이긴 하지만 프레젠터가 그 자세로 오래 있으면 긴장하고 있다는 느낌을 줄 수 있다. 손이 아래에 있기 때문에 보디랭귀지를 하는 것 자체가 어렵게 되어 목석처럼 가만히 서서 프레젠테이션을 하게 된다.

자연스러운 보디랭귀지를 하기 위해서 가장 중요한 것은 안정적인 기본 자세를 자연스럽게 유지하는 것이다. 기본 자세는 프레젠테이션에 안정감을 주고 보디랭귀지를 통해 열정과 자신감을 드러내야 한다. 무엇보다 안정적인 기본 자세를 익히게 되면 프레젠테이션 초반의 긴장과 떨림을 어느 정도 극복할 수 있다. 기본 자세는 프레젠테이션 현장에서만 사용되는 것이 아니므로 평소에 훈련되어 있어야 한다. 프레젠테이션 현장에서는 늘 그래 왔던 것처럼 자연스럽게 자세가 잡혀야 한다.

서는 위치는 정면에서 바라보았을 때 청중의 시선으로 스크린의 오른쪽에 위치한다. 청중의 시선은 주로 좌측에서 우측으로 이동하기 때

문에 오른쪽에서 설명하는 것이 훨씬 안정적이다. 슬라이드를 가릴 정
도로 스크린에 접근하거나 스크린에서 너무 멀리 떨어지지 않은 위치에
자리를 잡는다. 자리를 잡았으면 골반 너비 정도로 양다리를 벌리고 허
리를 중심으로 하체를 고정시킨다. 상체는 자유롭게 움직이지만 허리를
돌릴 정도의 큰 움직임은 하지 않아야 한다. 어깨에 힘을 최대한 빼고
편안한 느낌을 유지한다. 경직되어 보이지 않도록 자연스러움을 유지하
는 것이 포인트다. 이것이 프레젠테이션의 기본 자세이다. 기본 자세는
청중의 모든 의견을 수용할 수 있고, 프레젠터의 모든 열정과 에너지를
청중에게 전달하고 있음을 보여 주는 자세이다.

기본 자세를 처음 시도하면 무척 어색하다. 또 사람마다 신체적 차
이가 있기 때문에 자세를 잡기가 쉽지 않은 사람도 있다. 하지만 포기
하지 말고 기본 자세가 편안하게 느껴질 때까지 계속해서 노력해야 한
다. 프레젠테이션을 할 때 설득을 위한 모든 에너지는 기본 자세의 안
정성에서 나온다는 마음가짐으로 반복된 훈련을 통해 기본 자세를 익
혀야 한다. 버스를 기다리거나, 지하철을 타고 있을 때, 동료와 대화를
하거나, 구내 식당에서 줄을 서 있을 때도 수시로 기본 자세로 서는 훈
련을 해야 한다. 무의식 상태에서도 언제든지 기본 자세를 유지할 수
있을 때까지 몸에 배도록 훈련한다.

이제 프레젠테이션 시의 올바른 손과 발의 위치에 대해 알아보자.
손은 동그랗게 만든 뒤 가볍게 가슴팍이나 복근 부근에 위치하면 된다.

포인터는 왼손에 들고 오른손은 핑거 포인트를 할 준비를 하면 된다.
만약에 마이크를 들어야 한다면 왼손으로 마이크를 잡고 오른손은 핑
거 포인트를 할 준비를 하면 된다. 이 경우 오른손은 바지 재봉선 옆에
가볍게 두면 된다. 자세와 손동작의 경우 기상 캐스터만큼 좋은 사례는
없다.

손동작

손동작은 손을 사용하여 이야기의 내용을 시각적으로 전달하는 것
을 의미한다. 손동작을 적절한 타이밍에 사용하면 청중에게 강한 인상
을 주고 효과적으로 메시지를 전달할 수 있다. 누구나 대화를 할 때 자
신도 모르는 사이에 손동작을 사용한다. 하지만 체계적이거나 통제되
지 않고 순간순간 즉흥적인 느낌으로 사용하는 경우가 대부분이다. 초
보 프레젠터에게서 흔히 나타나는 보디랭귀지의 특징은 '너무 자주, 너
무 크게' 사용한다는 점이다. 청중의 시각으로 보면 너무 정신없어 보
일 수 있다. 따라서 보디랭귀지와 말하는 내용을 적절한 조화시킬 수
있어야 한다.

상대에게 손바닥을 보여주면 솔직하고 정직하게 보일 수 있다. 손
바닥이 위로 향하면 '나는 솔직하다'라는 것을 뜻한다. 또한 개방적이며
상대의 의견을 수용할 수 있다는 신체 언어이기도 하다.

손바닥을 가슴에 모으면 좀 더 감정 표현이 잘된다. 당신이 말하고 있는 내용이 좀 더 진실을 담았다는 것을 표현할 수 있으며 청중의 마음을 흔드는 중요한 동작이기도 하다. '나도 당신의 마음을 알고 또 그 마음을 이해한다.'는 감정의 표현이다. 또한 손바닥 사이의 간격을 통해 일의 중요도나 가치를 보여준다. 손바닥 간격을 좁히면 '작다'는 표현이지만, 반대로 간격을 넓히면 '크다'라는 표현이기도 하다. 손동작은 당신이 얼마나 열정이 있는지를 보여주는 신체적 언어이기도 하다.

발표의 고수가 된 박 대리는 프레젠터가 발표할 때 손의 위치나 손동작만 봐도 그 프레젠터가 초보인지 아닌지를 금방 알 수 있다. 프레젠테이션을 할 때 프레젠터의 손은 위치와 동작이 매우 중요하다. 그리고 청중의 평가 대상이기도 하다. 그렇기 때문에 프레젠테이션에서 손의 위치랑 동작은 정말 중요하다.

초보 프레젠터는 사전에 미리 준비하고 훈련하지 못해 손동작을 어떻게 해야 할지 그리고 손을 어디에 두어야 할지 몰라 난감해하며 손을 너무 자주 움직이거나 아예 움직이지 않거나 또는 앞으로 손을 모으거나 뒷짐을 지고 손을 빠르게 계속 비벼댄다. 이런 손동작은 정말 부자연스럽게 보이며 프레젠터의 호감도를 떨어뜨릴 수 있다. 또한 손목을 잡거나 손등에 올리거나 팔뚝을 잡는 등 내가 지금 긴장하고 있다는 표현도 피해야 한다. 청중은 프로페셔널한 프레젠터를 기대하지 초보 프레젠터의 실수 남발인 첫 공연을 응원해주러 이 자리에 온 것은 아니

다. 그러기 위해서 프레젠터는 리허설뿐만
아니라 의도된 손동작과 손의 위치도 미리
훈련해야 한다.

　자신의 손동작이 어색하거나 손동작을
부적절한 타이밍에 사용했을 때 스스로 어
색함을 극복하기 위해 불필요한 행동을 할
때가 있다. 예를 들어 머리를 쓰다듬거나 손
바닥을 계속 비벼댄다. 스스로의 부족함을
인정하는 이러한 행동은 손동작의 효과를
오히려 떨어뜨리게 되고, 다음에 사용하게
될 손동작도 자신 없어질 뿐 아니라 청중의 관심도 급격히 저하시킨다.

발 모양

　프레젠테이션을 하다 보면 자세가 기울어지는 것을 볼 수 있다. 오
래 서 있다 보면 몸을 지탱하기 힘들 때가 많다. 그러다 보니 몸이 한쪽
으로 기울게 되고 자연스럽게 짝다리가 연출된다. 청중이 보기에 어떨
까? 당연히 보기 좋을 리가 없다.

　그러면 어떻게 해야 하는가? 방법은 간단하다. 발을 일자로 나란히
위치하지 말고 살짝 엇갈려 오른쪽이나 왼쪽 발을 반대편 발보다 살짝

반 보 정도 앞으로 둔다. 이것을 대칭이라
고 하는데, 발 모양을 대칭으로 두면 등과
허리가 곧게 펴지며 장시간 서 있어도 힘들
지 않고 무엇보다 몸이 기울지 않는다. 이
처럼 약간 엇갈리게 서게 되면 오래 서 있을
수 있으며 허리도 꼿꼿해지고 자세가 기울어지지 않는다.

이러한 자세는 처음 해보면 쉽지 않다. 그래서 평소 훈련과 습관이
필요하다. 지하철에 서 있을 때, 대중 교통을 기다릴 때, 대화를 나눌
때 등 항상 서 있을 때마다 자세를 유지하면서 서 있는 훈련을 하다 보
면 처음에 불편했던 자세가 오히려 편하게 느껴질 것이다.

초보 프레젠터에게는 자신도 모르게 슬라이드 안으로 들어간다든
지 휘청거린다든지 하는 불필요한 움직임이 있게 마련이다. 이것은 산
만해 보이고 부자연스러워 보일 뿐더러 청중마저 산만하게 한다. 불필
요한 작은 움직임을 고쳐지지 않은 상태에서 보디랭귀지나 손동작을
하게 되면 더욱 산만해 보이고 정신없어 보인다. 청중이 집중할 수 없
도록 만든다. 오히려 프레젠터의 행동에 더욱 신경이 쓰여 내용에 더욱
집중할 수 없게 되고 발표내용을 기억할 수도 없게 된다. 이처럼 사소
한 손동작·발동작으로 많은 시간과 노력으로 준비한 프레젠테이션을
한순간에 망쳐버릴 수도 있다.

자세 교정을 위한 훈련

우선 전신 거울 앞에 선다. 다리는 골반 너비 정도로 벌려 안정감 있게 선 다음 양발에 고르게 체중을 싣는다. 이때 양발에 고르게 체중을 실리지 않으면 몸이 한쪽으로 기울어 비딱한 자세로 보일 수 있다. 등과 허리, 머리가 일자가 되도록 바르게 편다. 턱은 너무 숙이거나 들지 말고 바닥과 평행을 이루게 둔다. 이 자세야말로 등과 허리를 곧게 펴주며 가슴이 넓게 펴짐과 동시에 안정감 있고 자신감 있게 보이는 자세이다.

자세 교정 방법은 간단하다. 자세 교정을 하기 전에 전신 거울을 통해 평소 자세를 본 후 자세를 바르게 하고 거울을 보면, 자신감 넘치는 당당한 자신의 모습을 볼 수 있다. 평소 꾸준한 연습이 없다면 다시 구부정한 자세로 돌아올 수 있으니 꾸준히 이 자세를 연습하고 평소에도 항상 생각하면서 자세를 바로잡아야 한다. 이 자세는 성장하는 아이들에게도 키를 자라게 하는 아주 좋은 자세이다.

1. 몸의 뒷면을 벽에 붙이고 선다.
2. 양발은 11자로 하며 무릎에 힘을 주어 다리를 곧게 펴고 양다리를 모아 선다.
3. 머리·어깨·등·엉덩이·발뒤꿈치를 벽에 밀착시킨다.
4. 턱은 살짝 목 쪽으로 당기고 시선은 정면을 응시한다.

5. 어깨는 벽에 붙이되 날개뼈가 벽에 붙은 느낌으로 서도록 한다. 이때 너무 가슴을 내밀지 않는다.

6. 배에 힘을 주어 허리와 벽 사이에 공간을 손바닥이 들어갈 정도로 유지한다.

7. 목덜미·허리·팔·발목은 벽에 닿지 않는다.

자세를 바꾸는 것은 쉽지 않다. 하지만 계속하다 보면 바른 자세가 편하듯이 연습한 자세가 오히려 더 편하게 느껴질 것이다.

평소 복근운동을 하는 것도 자세 교정에 좋은 방법이다. 복근이 단련되어 있으면 배에 힘을 줄 수 있으며 등과 허리를 곧게 펼 수 있다. 프레젠테이션을 하다 보면 몸이 여기저기에서 긴장감이 느껴질 것이다. 어깨와 목에 뻣뻣함을 느낀다면 배에 힘을 주고 등과 허리를 곧게 펴라. 그러면 긴장이 훨씬 덜 느껴질 것이다.

프레젠테이션은 자세 교정만 해도 70% 이상 좋아진다. 길을 걷다 보면 자세만 봐도 그 사람의 당당함과 자신감을 느낄 수 있다. 오히려 등이나 허리가 구부정하거나 자세가 바르지 않은 사람은 왠지 힘이 없어 보이고 무기력해 보이며 자신감이 없어 보인다.

제3절

혼자 하는 발표 연습

박 대리는 혼자서 하는 프레젠테이션 발표 연습을 통해 자신감을 키
웠다. 준비물은 전신 거울, 클립 거치대, 스마트폰이다. 우선 전신 거울
은 자신의 전신이 다 나올 수 있는 크기면 된다. 전신 거울의 위치는 방
의 조명이 역광으로 비치는 각도만 피하면 된다. 전신 거울 위에 클립
거치대를 끼우고 스마트폰을 장착한다. 만약 미니 빔프로젝터나 스마트
TV가 있다면 파워포인트 슬라이드도 함께 띄워 놓으면 금상첨화다.

1. 우선 거울 속의 자신을 본다. 얼굴, 어깨, 자세를 차례대로 점검
   한다. 얼굴이나 몸의 각도가 한쪽으로 기울어지지는 않았는지,
   어깨도 수평인지 확인해 본다. 그리고 얼굴에 미소를 지어 어색
   하지 않은지 본다. 특히 인사는 여러 차례 반복하여 연습한다.

2. 처음에는 스크립트 내용을 완전히 숙지하지 못했으니 스크립트

를 보면서 발표 연습을 한다. 스크립트는 단어의 조합으로 이루어져야 한다. 스크립트에 있는 단어들을 어떻게 연결하여 말을 해야 할지 연습해 본다. 만약 파워포인트 슬라이드를 띄워 놓고 연습한다면 슬라이드와 자신의 말이 일치되도록 연습해 보고 보완해야 할 점을 미리 파악한다. 특히 슬라이드와 슬라이드 사이에 어떤 연결어들을 넣을지도 고민해 본다.

3. 그리고 어느 정도 스크립트를 보지 않고 발표를 진행할 수 있다면 스마트폰으로 녹화하여 고칠 점을 체크한다.

제4절

청중과의 눈맞춤, 아이 콘택트

프레젠테이션을 할 때 청중의 시선에 집중해야 한다. 청중과 눈맞춤을 못하는 것은 프레젠테이션에 자신이 없음을 뜻한다. 비즈니스에서도 상대방과의 눈맞춤은 정말 중요하다. 서양에서는 눈의 교감을 중요하게 생각한다. 말은 입으로 하지만 소통은 눈으로 한다. 눈을 통해 상대방의 마음을 짐작하기 때문에 말하는 내내 상대의 시선을 놓치지 않는다. 오히려 말할 때 상대가 시선을 다른 곳에 두는 것을 모욕으로 여긴다. 상대와 교감을 위해서 시선을 상대에게 두고 바른 자세로 집중하며 경청하고 답한다.

우리나라에서는 눈을 똑바로 쳐다보는 것을 달가와하지 않는다.

"눈 깔아!"

한국 영화나 드라마에서 건달들이 상대를 굴복시키기 위해 하는 말이다. 권투 선수들이 시합 직전 링 위에서 서로 기(氣) 싸움할 때나 눈을 똑바로 째려봐야 하는 줄로 안다. 대화를 할 때에도 여간해서 상대를 주시하지 못하는 것은 물론 회의를 할 때도 상대방, 즉 화자(話者)를 쳐다보지 않는다. 한국에서 전철을 타면 가장 불편한 게 바로 앞자리에 마주앉은 사람과 눈 마주칠 때의 어색함이다.

박 대리는 눈맞춤을 좋아한다. 그러나 대부분의 사람들은 눈을 피하거나 일부러 안 보거나 스마트폰을 보면서 눈을 마주치지 않는다. 가끔 외국인들과 눈을 마주칠 때 외국인들은 웃는다. 그 의미는 당신에게 감정이 없다는 뜻이다.

무대에 올라가면 처음에는 떨리지만 조금 익숙해지고 나면 시야도 넓어지고 청중들도 하나둘씩 눈에 들어온다. 시선 관리는 프레젠테이션의 자신감과 열정을 보여주는 중요한 수단이다. 청중은 누구나 존중받고 싶어 하고 특별한 사람이 되고 싶어 한다. 청중이 지루해하는 결정적인 원인 중 하나는 청중 자신이 특별한 시선을 받지 못했기 때문이다. 프레젠터의 시선을 받은 청중은 소외되었다는 느낌마저 받게 된다.

시선 관리의 출발점은 스크린과의 싸움에서 이기는 것이다. 좋지 못한 시선 관리의 대표적인 것이 스크린을 오랫동안 보는 경우이다. 스크린을 보고 있으면 프레젠터 스스로는 편안함을 느끼겠지만 청중에 대한 시선 관리를 할 수 없다. 초보 프레젠터일수록 본능적으로 스크린을 보며 마음의 안정을 찾고자 한다. 어느 정도 수준으로 스크린을 등질 수 있는가 하는 것은 프레젠터의 역량을 평가하는 중요한 기준이 된다. 초보 프레젠터일수록 시선이 스크린 쪽에 많이 가고 전문가일수록 청중에게 많은 시선을 준다. 스크린을 볼 경우 청중은 프레젠터의 뒷모습만 바라보며 프레젠테이션을 듣게 되므로 프레젠터의 표정과 보디랭귀지를 볼 수 없다. 이상적인 시선 처리의 예는 공중파 뉴스 기상 캐스터를 떠올리면 된다. 스크린과 청중에 대한 시선 처리의 황금 비율은 최소한 20대 80을 유지해야 한다. 물론 가장 이상적인 비율은 0대 100이다.

스크린뿐만 아니라 바닥·벽·천장을 보는 것은 청중에 대한 장악과 프레젠테이션을 포기했다는 뜻이다. 경험과 스킬 부족을 공개적으로 청중에게 알려주게 되어 프레젠테이션의 신뢰를 급격히 떨어뜨리게 된다.

청중과 눈맞추기

청중 한 사람 한 사람과 눈을 맞출 때에는 너무 길거나 짧지 않게 한다. 너무 오랫동안 한 사람만을 바라보면 다른 청중은 소외감을 느끼게 되며, 바라보고 있는 청중은 무안해질 수 있다. 청중과 눈을 맞추는 시간은 '2초'가 가장 적당하다. 마음속으로 '하나, 둘'을 생각하고 다음 사람에게로 시선을 이동한다.

한 문장에 한 명씩 시선 관리하는 것을 습관화하는 것이 효과적이다. 고개를 끄덕이며 공감하고 있는 청중을 조금 더 긴 시간 바라보고 있다가 해당 청중이 시선을 돌릴 때 같이 이동한다. 프레젠터에게 부정적인 청중은 시선이 마주쳤을 때 집중적으로 호소력 있는 강한 시선을 전달함으로써 자신에 대한 평가가 긍정적으로 변할 수 있도록 한다.

아이 콘택트를 위한 셀프 트레이닝

집 벽에 허리 높이로 포스터를 붙이거나 임의의 점을 찍는다. 그것을 청중의 눈이라고 생각하고 습관적으로 번갈아 보며 대본 연습을 진행한다. 처음에는 아이 콘택트를 의식하지만 계속 아이 콘택트를 하다 보면 자연스럽게 할 수 있을 것이다.

그리고 실제 청중이나 상대를 쳐다볼 때 눈을 마주치는 게 쉽지 않다면 미간이나 코끝 또는 턱을 보고 이야기하면 된다. 시선을 상대방의 눈보다 조금 낮게 유지하도록 한다. 여러 명일 경우 가운데를 중심으로 천천히 시선을 배분하면 된다. 그리고 질문을 하면 질문자를 주시하면 된다. 아이 콘택트는 프레젠테이션뿐만이 아니라 면접, 인터뷰, 이성과 대화할 때도 마찬가지로 매우 중요하다.

제5절
다양한 감정을 표출하라

　우리에게는 여러 가지의 감정이 있다. 그리고 그 감정들을 얼굴에 담을수록 신뢰도가 올라간다. 단편적인 감정에는 슬픔·행복·놀람 등이 있고, 복합적인 감정에는 '경이로울 만큼 놀람'같은 것이 있다. 프레젠테이션을 할 때는 화나거나 행복하거나 등 한 가지 감정만 표출하는 게 아니라, 여러 가지 감정을 섞어서 보여주면 청중과 소통하는 데 많은 도움을 준다. 프레젠테이션을 할 때 보디랭귀지, 즉 손동작과 표정을 연습하면서 그에 맞는 필요한 감정을 찾고 그 감정을 최대한 이끌어내보자. 그리고 당신의 열정 안에서 청중과 소통할 수 있는 감정을 찾아내 본다. 그걸 할 수 있다면 더욱 강력한 프레젠테이션을 할 수 있을 것이다.

　우리는 따뜻한 사람들을 좋아하며 차가운 사람들을 싫어한다. 한편

강인함과 따뜻함을 모두 발산하는 사람들은 우리에게 깊은 인상을 준다. 카리스마 있다고 이야기한다. 그들은 우리의 이익을 위해 기꺼이 나서려고 하며(따뜻함) 그럴 만한 능력이 있어(강인함) 보인다. 따라서 우리는 그들이 리더가 되기를 기대하며 그들이 책임을 맡는다는 사실에 편안함을 느낀다. 강인함과 따뜻함은 상대방을 설득할 때도 매우 중요하다. 프레젠테이션은 당신의 평소 모습과 다른 당신의 열정적이고 강한 자신감을 함께 보여줄 수 있으며 설득력을 높여 청중이 판단을 내리는 데 중요한 기준이 된다.

강인함과 따뜻함을 동시에 보이는 능력을 지닌 사람은 매우 드물어서 우리는 이 능력을 지닌 사람들을 칭송하고 우러러보며 부러워한다. 고대 그리스인들은 이 능력을 신이 내린 재능이라고 불렀으며, 이 용어에서 '카리스마'라는 단어가 나왔다. 오늘날 이 능력은 다양한 사회에서 다른 이름으로 불린다. 직장에서는 리더의 자질이라고 칭송하며 사회에서는 종종 쿨(cool)하다고 불린다.

제6절
주의를 집중시키는 동선

프레젠테이션이 길어지면 청중은 서서히 집중력이 떨어지게 된다. 이때 프레젠터는 새로운 분위기 전환을 위해 위치를 이동한다. 그러나 처음부터 프레젠테이션 중간에 위치를 이동하기는 결코 쉽지 않다. 특히 초보 프레젠터의 경우 긴장하여 다리가 떨리는 상황에서 위치 이동까지 한다는 것은 더욱 불안하게 되므로 시도조차 하기 힘들다. 그러나 청중은 항상 새로운 모습, 새로운 분위기를 기대하고 있기 때문에 적절한 타이밍에 위치 이동을 자연스럽게 할 수 있어야 한다.

위치 이동은 청중과의 교감이라고 한다. 프레젠터는 고정된 자세로 발표를 시작하게 된다. 그리고 청중의 시선은 고정되어 있다. 그러나 프레젠터가 한 곳만 쳐다보면 청중의 주의력과 집중력이 떨어질 수밖에 없다. 그때 필요한 것이 위치 이동이다. 위치 이동은 지루한 청중의 주의를 환기시켜 주며, 프레젠터의 메시지를 강력하게 강조할 수 있는 효과를 준다. 필자는 위치 이동을 포즈(pause)와 함께 사용하는 것을 즐긴다. 포즈의 정적을 위치 이동과 섞으면 그 효과가 배가될 수 있다.

예를 들어 중요한 메시지를 전달할 때 포즈를 사용해 보자. 포즈의 정적에 가만히 서 있지 말고 위치를 이동해 보자. 청중은 프레젠터의 포즈, 즉 정적에 놀라 프레젠터를 쳐다보지만 프레젠터는 유유히 위치 이동을 하면서 청중과 시선을 유지하면서 메시지를 전달할 것이다. 이 얼마나 자연스럽고 여유로워 보이며 프로페셔널하게 보이는가? 즉 위치 이동도 사전 준비이다. 어느 순간에 위치 이동을 할 것인지도 미리 계획이 되어 있으면 좋다.

위치 이동은 크게 두 가지로 나눌 수 있다.

첫째는 좌우로 하는 위치 이동이며 둘째는 앞뒤로 하는 위치 이동이다. 조금 더 프레젠터를 프로페셔널하게 보일 수 있는 것은 좌우로 하는 위치 이동이다. 반면에 청중과 공감대를 형성하고 호감을 얻고 싶다면 앞뒤로 위치 이동을 하는 것이 효과적이다. 이때 주의할 점은 등을 약간 굽히는 것이 중요하다. 등을 곧게 핀 꼿꼿한 자세로 청중에게 위치 이동으로 다가갔다간 청중에게 너무 차갑고 딱딱한 인상을 줄 수 있기 때문이다. 등을 약간 굽혀 청중에게 최대한 시선을 맞춰 주는 것이 훨씬 호감을 준다는 사실을 잊지 말자.

위치 이동은 다섯 걸음 정도가 적당하다. 물론 강의장이나 회의실

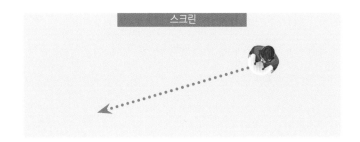

적당한 위치 이동

규모에 따라 달라질 수 있다. 그렇기에 현재 서 있는 스크린의 반대편
으로 이동하는 정도의 거리가 적당하다. 그러나 주의할 점은 이동할
때 프레젠터가 아무 말도 하지 않거나 바닥을 바라보면서 이동하게 되
면 청중은 프레젠터의 돌발적인 행동에 대해 오히려 어색함을 느낄 수
있다.

　위치 이동을 할 때 중요한 것은 계속 말을 하면서 이동하고 청중에
게서 시선을 떼지 않고 유지해야 한다. 그리고 위치 이동이 완료되었을
때는 강한 메시지나 결론과 함께 강한 손동작이나 보디랭귀지로 임팩
트를 준다. 위치 이동에는 무엇보다 적절한 타이밍이 중요하다. 효과적

인 위치 이동은 시간이 경과되어 느슨해진 청중의 주의를 환기시키고 새로운 분위기를 만듦으로써 프레젠테이션의 설득력을 더욱 강하게 만드는 효과를 가져온다.

Part 8

끌리는 목소리로 말하기

제1절

말더듬이에서 프레젠터로

영화 〈킹스 스피치〉의 실제 주인공 조지 6세는 조지 5세의 차남으로 태어났다. 그는 어려서부터 여러 지병을 앓고 있었는데, 특히 어렸을 적 유모의 방치로 위염 때문에 자주 고생했으며 내성적인 성격과 함께 말을 더듬었다. 그는 병약했고 쉽게 겁을 먹고는 잘 울었다고 한다. 그와 그의 아내 엘리자베스는 말더듬증을 극복하기 위해 그 분야의 최고인 오스트레일리아인 치료사 라이오넬 로그를 고용했다.

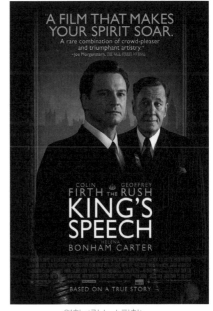

영화 〈킹스 스피치〉

라이오넬은 다른 언어치료사들과 달리

조지 6세의 말을 진지하게 들어주어 마음의 안정을 찾도록 배려했다. 그는 제1차 세계대전으로 마음의 병을 얻은 청년들의 이야기를 들어줌으로써 진지하게 듣는 것이 마음의 병을 치료하는 방법임을 알고 있었던 것이다. 시간이 흘러 이 둘은 친구가 되었고, 조지 6세는 형의 퇴위 이후 왕위를 받은 후 제2차 세계 대전이 발발했을 당시에 라이오넬 로그의 도움을 받아 대중 앞에서 성공적인 연설을 하게 된다.

박 대리에게도 어렸을 때 말을 더듬었던 기억이 있다. 언제부터 말을 더듬었는지는 모른다. 어릴 적 기억을 대변해 줄 엄마는 일찍 아버지와 헤어져 일본으로 갔고 지금도 일본에서 살고 있다. 아버지는 화가이셔서 미술 작품 활동과 전시회를 준비하느라 항상 바빴다. 그래서 어릴 때부터 할머니 손에서 자랐다. 할머니와 함께한 시간들이 많았다. 어려서부터 부모님에 대한 동경과 그리움들이 그를 두렵고 불안하게 만들었다. 계속된 두려움을 억누르려고 했으나 두려운 생각이 순간적으로 머릿속을 꽉 채우고, 그렇게 되면 그 생각에 완전히 압도되어서 말을 회피하거나, 말을 하더라도 결국은 더듬게 되었다.

어느 날부터 '말더듬이', '답답이'는 박 대리에게 붙여진 수식어가 되었다. 그게 박 대리의 초년기 전부였고, 늘 수치심으로 가득했다. 성격이 급한 탓도 있지만 친구들 앞에서 말을 하게 되면 자꾸 신경이 쓰여 잘하고 싶어도 잘 안 되어 말을 더듬게 되었다. 그 당시 어린 나이에

병원에 가 볼 엄두조차 내지 못했다. 누군가에게 속 시원히 얘기할 수도 없었다. 점점 사람들 앞에 나서는 게 두려웠다. 그리고 얘기하는 게 두려웠다. 의사 표현하기가 꺼려졌다. 이상하게 볼까 봐, 그리고 얻게 될 심리적인 불안감이 두려웠다. 점점 친구들과 얘기하는 게 싫어졌다. 박 대리가 말을 더듬는 것을 친구들은 알고 있었지만, 그래도 드러내고 싶지 않았다. 그렇게 서글픈 초등학교 시절을 보냈다.

그런 어느 날 박 대리는 9시 뉴스를 보게 되었다. 뉴스 앵커의 또랑또랑하고 정확하게 들리는 발음이 인상적이었다. 어떻게 하면 그들처럼 될 수 있을까? 선천적으로 타고났을까? 그때부터 9시 뉴스를 하루도 빼놓지 않고 꼬박꼬박 보았다. 그리고 뉴스 내용이 아닌 앵커의 말에 집중했다. 그리고 어느 날부터는 그냥 따라하기 시작했다.

이처럼 누군가와 똑같이 되고 싶으면 어떻게 하면 좋을까? 간단하다. 그 사람처럼 행동하면 된다.

제2절

좋은 발음 만들기

프레젠테이션의 청중은 대부분 해당 분야의 전문가로 구성되는 경우가 많다. 대부분 전문 용어나 기술적 내용에 대한 파악이 이미 충분히 이루어져 있을 뿐만 아니라 프레젠터보다 많은 지식을 보유한 사람들도 있다. 따라서 프레젠터의 전문가적인 발음은 전달되는 내용을 신뢰할 수 있게 만드는 효과가 있다.

하지만 프레젠테이션을 진행하다 보면 본의아니게 말이 꼬일 때가 있다. 예를 들어 '프레젠테이션'이라는 단어도 발음하기 쉽지 않은 단어이다. '프레젠테이션'이라는 단어를 연속으로 5회 정도 발음해 보고 어느 정도 익숙한지 느껴보기 바란다. 만일 스스로도 자연스럽지 못하다고 느낀다면 듣는 청중은 당연히 거부감을 느낄 것이다. 발음을 명확히 하기 위해서는 말하고자 하는 내용을 사전에 숙지하고 발음을 반복적으로 연습해야 한다. 어려운 발음일수록 사전에 반복적으로 연습해야 한다.

평소 발음이 자주 꼬이거나 안 되는 사람들은 조음 기관이 게으르기 때문이다. 조음 기관은 혀와 입술로 이루어져 있다. 언어를 표현할 때는 이 기관의 움직임이 중요하다. 그런데 그것을 잘 안 쓴다. 조음 기관이 원활하게 작동하고 있는지 알아보기 위해 전신 거울을 보면서 연습해보자. 또한 녹화를 한 후 모니터링하는 것도 좋은 방법이다.

프레젠테이션은 이렇게 혼자 Self training으로 훈련한 후 전문가에게 피드백을 받는 게 좋다. 이때 전문가와 함께 모니터링하면서 잘못된 부분을 고쳐나가면 된다.

앵커의 목소리를 닮고 싶다면 그 목소리를 카피캣한다. 보통 벤치마킹이라고 부르지만 카피캣이 더 맞는 말이다.

출신지가 지방이어서 사투리를 쓰는 경우라면 더 많은 주의가 필요하다. 프레젠테이션에서 프레젠터의 개인사와 고향은 중요하지 않다. 청중이 사투리를 이해해서 들어주길 바라는 것은 오직 프레젠터의 생각일 뿐이다. 청중은 프레젠터가 사용하는 말이 이해되지 않으면 쉽게 포기해 버리는 경향이 있다. 그렇기 때문에 따라서 프레젠터는 항상 표준어로 또박또박 발음할 수 있어야 한다.

사투리나 억양, 말투를 고치고 싶거나 뉴스 앵커처럼 정돈되고 단정한 말투를 갖고 싶다면 뉴스를 비롯해 MC들이 진행하는 프로그램을 들으며 훈련하면 된다. 반대로 친절하고 상냥한 느낌의 말투를 익히고 싶다면 그러한 말투를 가진 사람이 진행하는 프로그램을 들으면 된다. TV보다는 라디오 쪽이 청각적인 집중도가 훨씬 높고 말하는 분량이 더 많아 도움이 된다. 중요한 건 목소리 롤 모델을 정하는 것이다. 무작정 따라하다 보면 롤 모델과 똑같이는 아니지만 비슷한 억양과 발성, 발음을 갖게 된다. 영어를 공부할 때 외국인의 억양이나 발음을 계속 듣고 따라하다 보면 듣는 귀가 점점 트이고 발음도 서서히 유창해지는 원리와 똑같다.

제3절
복식 호흡

좋은 목소리는 안정적인 목소리다. 같은 내용이라도 목소리가 좋은 사람이 얘기하면 집중도가 훨씬 높아진다. 또한 정보를 전달할 때에도 더 효과적이다. 실제로 청중들은 발표 내용에 먼저 관심을 갖기보다는 프레젠터의 목소리에 반응하고 나서야 내용을 듣기 시작하기 때문에 청중의 귀를 먼저 사로잡아야 한다. 그런 후에야 논리적 구성과 설득력 있는 프레젠테이션 그리고 스피치를 통해 상대의 마음을 움직일 수 있다. 무엇보다 안정된 호흡과 발성, 발음을 통해 끌리는 목소리로 말하는 것이 중요하다.

프레젠테이션에서 호흡은 무엇보다 중요하다. '말할 때 숨이 차고 말끝이 갈라져요.', '목소리가 너무 작고 가는 데다 불안정하게 떨리기까지 해요.' 등. 이 문제들의 핵심은 호흡에 있다. 가수 오디션 프로그램에서 박진영이 말한 "공기 반, 소리 반!"이라는 심사평을 들어본 적이 있는가? 문제는 공기의 양이다. 한 번에 들이마시는 공기의 양이 많아 성대를 밀고 나오는 공기의 압력이 클수록 성대가 넓어지면서 진폭이 커진다. 쉽게 말해서 뱃속의 공기 없이 목으로만 소리를 내면 탁한 소리가 나는 반면에, 배 속의 공기를 섞어 말하면 풍부하고 윤택한 소리를 낼 수 있다. 또한 공기량이 많으면 많을수록 숨이 차는 일은 줄어들고 말할 때 훨씬 자연스럽게 말할 수 있다.

헬스를 해본 적이 있다면 쉽게 이해할 것이다. 헬스를 할 때 트레이너가 제일 먼저 알려주는 게 각 기구의 사용법 이전에 호흡이다. 기구를 들었다놨다 하면서 호흡을 어떻게 하는지 방법을 알려 준다. 이렇게 운동에 맞는 호흡이 있듯이 프레젠테이션에 맞는 호흡법이 있다. 복식 호흡을 이용하면 목에는 전혀 힘을 들이지 않고 말할 수 있다. 배로 공기의 양을 조절하므로 목에는 전혀 힘이 들어가지 않으면서 배로부터 나오는 풍성하고도 힘이 넘치는 음성이 만들어진다.

필자는 오페라와 뮤지컬을 좋아한다. 그런데 오페라와 뮤지컬의 차이가 무엇일까? 바로 마이크이다. 뮤지컬 가수는 마이크를 사용하지만 오페라 가수는 마이크 없이 오랜 세월 갈고닦은 벨칸토 창법을 구사하며 노래한다. 어떻게 마이크도 없이 무대에서 관객석까지 들리도록 노래를 할 수 있을까? 바로 복식 호흡 때문이다. 평소 일반인들은 가슴으로 가슴 호흡을 한다. 그렇기에 복식 호흡은 처음 하는 사람에게 다소 어려운 호흡일 수 있다. 하지만 복식 호흡 훈련으로 적응되면 가슴 호흡보다 훨씬 더 편안하고 쉬운 호흡이라는 것을 알게 된다.

복식 호흡 훈련

우선 전신 거울 앞에 서서 다리는 골반 너비로 벌리고 양발에 고르게 체중을 싣는다. 그리고 등을 곧게 편 상태로 복식 호흡을 연습해 보자. 코로 숨을 천천히 들이마시면서 공기를 배로 내려 보내자(배가 풍선처럼 커지는 느낌으로). 이때 코와 입으로 동시에 숨을 마셔 보자. 이렇게 들이마셔 배에 채운 공기를 내쉴 때에는 입으로만 "후~"하고 내쉬자. 이렇게 계속 반복해본다. 처음엔 어색하지만 계속 연습하면 자연스러워진다.

복식 호흡을 연습하는 가장 쉬운 방법은 누워서 하는 것이다. 먼저 누운 자세에서 온몸에 힘을 빼고 코로 깊게 숨을 마신다. 이때 배에 공기를 불어넣어 풍선처럼 볼록하게 만든다. 그리고 배 속에 꽉 찬 공기를 입으로 "후~"불면서 천천히 뱉는다. 이렇게 몇 번 반복해 보자. 가벼운 책 하나를 배 위에 올려놓고 천천히 복식 호흡을 연습해 보자.

제4절
좋은 목소리 만들기

발성 연습

발표 시 프레젠터는 크고 강한 목소리를 내야 할 때가 많다. 또한 성량에 따라 다양한 음성의 변화를 만들어야 한다. 단조롭고 똑같은 톤의 목소리로 전달하면 자칫 지루해지고 청중이 집중할 수가 없다. 다양한 성량과 톤의 변화를 위해서는 큰 목소리부터 작은 목소리까지, 높은 소리에서 낮은 소리까지 구분해서 내는 연습이 필요하다. 먼저 성량을 높이는 연습을 해 보자.

자신의 성량에 따라 10부터 100까지 내는데, 100은 자신이 낼 수 있는 최대한 큰 목소리이다. 괄호 안의 수치는 목소리의 상대적 크기이다.

성량 단계별 발성 연습

나는 할 수 있습니다. (30)
나는 할 수 있습니다. (60)
나는 할 수 있습니다. (90)

적당히 살고 싶다면 적당히 일하고 적당히 살면 된다. (25)
멋지게 살고 싶다면 멋지게 행동하고 멋지게 살면 된다. (50)
성공하고 싶다면 성공한 사람처럼 행동하고 살면 된다. (75)
실패하고 싶다면 실패한 사람처럼 행동하고 살면 된다. (100)

적당히 살고 싶다면 적당히 일하고 적당히 살면 된다. (20)
멋지게 살고 싶다면 멋지게 행동하고 멋지게 살면 된다. (40)
실패하고 싶다면 실패한 사람처럼 행동하고 살면 된다. (60)
성공하고 싶다면 성공한 사람처럼 행동하고 살면 된다. (80)
자신감을 얻고 싶다면 자신감 있게 행동하고 살면 된다. (100)

호감 가는 목소리 만들기

홈쇼핑에서 상품 매출은 물론 상품의 질과 가격도 중요하지만 쇼 호스트의 목소리와 보디랭귀지도 큰 역할을 담당한다. 쇼 호스트는 탁월한 언어적·비언어적 커뮤니케이션으로 고객이 살 수밖에 없도록 만들어 매출로 연계시킨다. 쇼 호스트는 소비자들에게 정확하고 적정 속도의 언어를 구사하여 소비자들의 구매를 유도한다. 쇼 호스트의 언어적 커뮤니케이션 요인인 호흡, 발성, 발음, 설득력, 목소리 변화 등과 비언어적 커뮤니케이션 요인인 보디랭귀지, 신체적 행위, 이미지 등이 상품 설명 시 적절하게 활용되어 소비자의 구매로 이어진다.

소비자들이 선호하는 호감 가고 신뢰감 있는 목소리를 구현하기 위해서 쇼 호스트는 목소리 훈련을 통해 적합한 목소리로 만들어간다.

쇼 호스트 방송을 녹음하여 반복해 듣고 그대로 따라하는 방법도 있다. 방송을 잘한다는 것이 반드시 말하는 기술만의 문제가 아니라고 볼 때 어느 정도의 교정은 이러한 노력으로도 가능하다. 그 방법의 하나가 신문의 사설을 이용하여 목소리를 훈련하는 것이다.

목소리 튜닝을 위한 셀프 트레이닝

1. 내용이 좋은 신문 사설을 선택하여 소리 내어 천천히 읽되 스피치 또는 연설식으로 읽는다.
2. 이때 발음은 명확히 하도록 애쓰며, 목소리 또한 당신이 교정하고자 하는 롤 모델을 따라한다.

3. 말의 강약, 빠르기에 변화를 주며 말하되 최대한 감정을 넣어 읽는다.

4. 문장 끝말이 '있다' '없다' '것이다'가 아닌 '있습니다' '없습니다' '것입니다' 등 구어체로 바꾸어서 실제로 방송이나 연설을 하는 것과 같이 말한다.

5. 계속 반복해서 연습하며 녹음 또는 녹화하여 목소리와 발음을 확인해 본다.

목소리 톤에 변화 주기

간디나 마틴 루터 킹은 칼이나 총을 든 적이 없다. 그렇지만 그들은 민주주의와 정의를 얻었으며 국민들에게 용기를 주었다. 이처럼 커다란 영향력을 지닌 무기는 바로 언어이다. 그리고 그 언어를 더욱 효과적으로 전달하려면 말의 힘을 조절하는 기술이 필요하다.

청중이 지루해 하고 집중하지 못하는 프레젠터의 공통점은 목소리의 변화가 없이 일정한 톤으로 말하는 사람이며 대체로 말에 힘이 없다. 청중은 프레젠터의 목소리를 적어도 수십 분간 들어야 한다. 특히 잘 모르는 내용이라면 주의해서 들어야 한다. 프레젠터가 말하는 내용 중 중요한 이야기와 그렇지 않은 이야기를 일일이 챙겨 들어야 한다는 것은 상당히 피곤하고 주의력이 산만해지는 요소이다.

목소리를 변화시키면 이런 단조로움을 극복하고 청중의 집중을 끌어낼 수 있다. 핵심 메시지나 키워드를 말할 때 톤을 높여 프레젠터가 전달하고자 하는 메시지를 청중이 쉽게 구분해서 들을 수 있도록 한다.

첫째, High Voice는 목소리 톤을 높여서 청중에게 전달하고자 하는 핵심 키워드를 조금 더 강하게 말하여 청중에게 강한 메시지를 전달한다. 밑줄 친 부분에 목소리 톤을 높여 낭독해 보자.

나는 자신감 있게 행동하기로 결심했습니다.
나는 자신감 있게 행동하기로 결심했습니다.
나는 자신감 있게 행동하기로 결심했습니다.
나는 자신감 있게 행동하기로 결심했습니다.

네 문장이 각각 다르게 들릴 것이다. 첫 번째 문장은 '나'를 더 강조하였고 두 번째 문장은 '자신감 있게'를 더 강조하였다. 세 번째 문장은 '행동하기로'를 더 강조하였으며, 네 번째 문장은 '결심했습니다.'를 더 강조하였다. 이처럼 High Voice는 내가 강조하고 싶은 부분에 힘을 주어 말하면 된다.

둘째, Low Voice는 목소리 톤을 반대로 낮춰서 청중에게 전달하고자 하는 핵심 키워드를 약하게 말하여 청중에게 더 감정적인 메시지를 전달한다. 갈등 또는 힘들고 어려웠던 부분이나 약점 등을 이야기를 할 때 조금 더 감정을 증폭시켜 전달하는 효과를 준다. 무엇보다 말하는 내용에 집중해 감정을 불어넣으면 훨씬 강한 호소력을 지니게 할 수 있다.

연이은 취업 실패에 절망과 좌절감뿐이었습니다.

나는 꽤 힘들고 어려운 시절을 보냈습니다.

내 어린 시절은 늘 불행했습니다.

셋째, Clearly Voice는 천천히 또박또박 읽는다. 보통 숫자 등을 설명할 때 정확하게 읽어 상대방이 기억하기 쉽도록 한다. 특히 숫자를 설명할 때는 손가락을 이용한 손동작을 함께 사용하면 청중에게 더욱 강조될 수 있다.

올해 사업 예산을 110억 9천만 원으로 책정하였습니다.

우리 사업부서 매출이 전년 대비 30% 이상 증가하였습니다.

오늘 말씀드릴 핵심 포인트는 총 두 가지입니다.

넷째, Long Vowel는 모음을 길게 변화해서 발음한다. 청중이 조금 더 실감나게 들을 수 있도록 표현할 수 있는 방법이다.

IoT 기술은 앞으로 더 많은 변화를 줄 것이다.

IoT 기술은 앞으로 더 많~은 변화를 줄 것이다.

다섯째, Pause는 발표하는 중간에 잠시 쉬었다가 말하는 것으로, 청중이 메시지를 생각해 볼 시간을 주거나 말하고자 하는 메시지를 보다 극적으로 만들기 위해서 사용한다. 마치 달리던 자동차가 과속 방지 턱을 만나 속도를 줄이고 잠시 주변을 살펴보는 것과 같은 효과이다. 발표를 계속하다가 2~3초간 멈춘 후 말을 하면 다음에 하게 되는 말에 더욱 힘이 실리게 된다. 또는 질문을 청중에게 던지고 스스로 답변하는 경우에도 유용하다.

> 기업이 글로벌 경쟁 속에서 살아남을 수 있는 길은/
> 혁신뿐입니다.

예를 들어 위 문장에서 포즈는 "살아남을 수 있는 길은" 하고 잠깐 멈추었다가 "혁신뿐입니다"를 강하게 이야기한다. 이때 High Voice로 목소리 톤을 높여서 강조하면 더욱 효과적이다.

> 오늘 세계적 명문 대학에서 여러분과 함께하게 되어 영광입니다.
> 솔직히 말씀드리자면/
> 저는 대학을 나오지 않았습니다.

위 문장은 2005년 스탠퍼드 대학 졸업식에서 한 스티브 잡스의 연설 중에 나오는 문구이다. "솔직히 말씀드리자면"에서 잠깐 멈추었다가 "저는 대학을 나오지 않았습니다."라고 감정을 부여해 이야기한다. 이때 Low Voice로 목소리 톤을 반대로 낮춰서 청중에게 전달하고자 하는 핵심 키워드를 약하게 말하여 청중에게 더 감정적인 메시지를 전달한다.

포즈는 프레젠테이션을 남다르게 만드는 효과적인 말하기 기법이다. 개인마다 성량이 다르고 말하는 스타일이 다르기 때문에 정답은 없지만 가능한 한 많은 연습을 통해서 자신에게 적합한 높낮이를 개발해야 한다. 이때 포즈를 지나치게 많이 사용하는 것은 주의해야 한다.

제5절
컨디션 조절

프레젠터는 자기 관리가 중요하다. 박 대리도 중요한 발표를 앞두고 적어도 하루 전날은 무리한 운동이나 스케줄은 삼가고 금연하고 금주한다. 술을 마신 다음 날은 목이 말라 찬물을 벌컥벌컥 마시게 되기 때문이다. 이렇게 몸을 혹사하면 무엇보다 좋은 목소리가 나올 수가 없다. 특히 담배는 목소리에 악영향을 미친다.

발표 당일은 커피를 비롯해 홍차, 녹차 등 카페인이 들어가 있는 음료는 삼간다. 목을 건조하게 만들고 이뇨 작용으로 입안에 점액을 분비시켜 목소리에 안 좋은 영향을 미치기 때문이다. 또한 우유, 요구르트 등 유제품도 입안에 점액을 분비시켜 가래가 걸린 것처럼 목에 불편한 느낌을 준다. 유제품, 과일 주스 등 설탕이 많이 들어간 단 음식은 입에 침을 고이게 만들어 말을 하는 데 불편함을 준다.

발표 당일에는 따뜻하거나 미지근한 물을 마시는 게 좋다. 특히 미지근한 생수를 미리 준비해 가서 시간 날 때마다 마시면 좋다. 생수로 성대를 촉촉하고 윤택하게 만들어서 좋은 목소리와 컨디션으로 청중 앞에 자신감 있게 나서자.

Epilogue

필자의 경우 PT 현장에서 가장 많이 만나는 경쟁사가 삼성과 SK이다. 그러다 보니 경쟁 PT 발표 회의장에서 종종 경쟁사의 직원들을 만나는 경우가 많다. 물론 서로간에 철저하게 비밀을 지키다 보니 대화를 나누거나 하지는 않는다. 다만 언제나 경쟁사의 PT 내용이 궁금했다. 대기실에서 상대 경쟁사 직원들을 만나면 가끔 크게 긴장될 때가 있다. 바로 경쟁사 직원들에게 왠지 모를 자신감이 있어 보일 때다. 표정만 봐도 준비를 많이 했다는 느낌을 받는다. 규모가 큰 사업의 경우 실주한 해당 경쟁사 직원이나 임원이 인사 조치되는 경우도 있을 만큼 조직에서는 생사가 걸린 중요한 일이다 보니 PT 현장은 전쟁터를 방불케 한다.

이 책이 마무리되고 있는 중에도 경찰청 '국가 R&D 2023년도 사회

적 약자 보호 강화 기술 개발사업'을 컨소시엄으로 112.5억 원에 수주
하게 되었다는 기쁜 소식을 접했다. 첨단 과학기술을 활용한 범죄예측
및 대응으로 사회적 약자(범죄피해자, 아동·청소년, 여성, 노인 등)를 보호 강화를
목적으로 하는 R&D 사업이다.

제안 PT를 하다 보면 이처럼 좋은 성과를 거둘 수도 있고 실패할
때도 있다. 전쟁터와 같은 영업 현장에서 살아남기 위해서는 뭐든지 할
수 있다는 자신감이 필요하다. 그리고 이것들을 행동으로 옮길 용기도
있어야 한다. 언제까지 바라보기만 할 것인지, 아니면 행동할 것인지
는 당신에게 달렸다. 그리고 그에 대한 책임도 당신에게 있다. 내 삶을
책임질 수 있는 자신감 있는 행동으로 내 삶을 책임질 것이냐, 항상 불
평과 불만으로 행동하지 않고 남 탓만 하고 살 것이냐는 당신의 선택에
달려 있다.

상처받는 사람, 자존심 강한 사람은 열등감이 많은 사람이다. 매사
에 목적과 사명이 분명하지 않아 남들과 비교하고 또 '나를 무시하고
비아냥거릴 것'이라는 추측을 자주 하여 자신을 불안하게 만들고 힘들
게 한다. 그러면 사람도 미워지게 된다. 따라서 정상적인 인간 관계를
할 수가 없다. 남들과 비교하며 일상을 살아간다면 누구나 절망과 열등
감에 빠져들 것이다. 당연히 결과도 만족하지 못할 것이다. 나만의 인
생 방향과 목표가 명확하지 않으면 성장할 수 없으며 성취할 수 없다.
중요한 것은 지금 내가 하는 경험을 통해서 앞으로 무엇을 얻느냐.

일단 경험의 기회를 얻으려면 무엇이든 열심히 하겠다는 자세로 작고 사소한 일도 열정적으로 처리하는 모습을 보여줄 때 사회와 회사는 당신에게 더 큰 일을 맡겨줄 것이다.

두려움때문에 변화를 회피하기보다는 다가올 기회에 대비하고 준비하는 자세가 필요하다. 사전에 준비하고 훈련한다면 프레젠테이션은 나의 능력을 알리는 장이 될 것이다. 무엇을 망설이는가? 닥친 후에야 마지 못해 하는 척하거나 아니면 미리 준비해서 기회를 잡는 것에 소모되는 노력은 비슷하다. 하지만 결과가 다르다. 첫 번째는 자신에 대한 원망과 낮은 자존감을 낳지만, 두 번째는 새롭거나 더 큰 기회 획득하게 되고, 성취감과 자신감 상승을 낳는다. 알면서도 행동하지 않아 흘려보낸 기회가 더 아쉽고 후회스런 법이다.

불안할수록 행동하라.

많은 사람들이 불안하면 멈춰 선다. 그리고 걱정부터 한다.

하지만 불안하면 행동하라.

하지 않고 후회하기보다는 하고 나서 후회하는 것이 더 낫다.

불안도 경험이고 실패도 경험이다.

불안의 합은 도전이 되고 실패의 합이 성공이 된다.